SAB
BRU

DAS

BATHXAS

DARKSIDE

THE WITCHES' SABBATH: AN EXPLORATION
OF HISTORY, FOLKLORE & MODERN PRACTICE
Copyright © Kelden, 2022
Todos os direitos reservados.

Publicado originalmente pela Llewellyn Publications
Woodbury, MN 55125, USA www.llewellyn.com

Ilustração de capa © Gerlanda di Francia
Ilustrações de miolo © Gabee Brandão
Ilustração da página 110 por Wen Hsu. Todas as demais
pelo Departamento de Artes da Llewellyn

Tradução para a língua portuguesa
© Renan Santos, 2024

Diretor Editorial
Christiano Menezes

Diretor Comercial
Chico de Assis

Diretor de Novos Negócios
Marcel Souto Maior

Diretora de Estratégia Editorial
Raquel Moritz

Gerente Comercial
Fernando Madeira

Gerente de Marca
Arthur Moraes

Gerente Editorial
Marcia Heloisa

Editora
Nilsen Silva

Capa e Miolo
Retina 78

Coordenador de Diagramação
Sergio Chaves

Preparação
Iriz Medeiros

Revisão
Francylene Silva
Jéssica Reinaldo

Finalização
Sandro Tagliamento

Marketing Estratégico
Ag. Mandíbula

Impressão e Acabamento
Braspor

DADOS INTERNACIONAIS DE CATALOGAÇÃO NA PUBLICAÇÃO (CIP)
Jéssica de Oliveira Molinari CRB-8/9852

Kelden
  Sabbath das bruxas / Kelden; tradução de Renan Santos; ilustrações
de Gabee Brandão. —Rio de Janeiro : DarkSide Books, 2024.
  224 p. : il.

  ISBN: 978-65-5598-445-3
  Título original: The Witches's Sabbath

  1. Ciências ocultas 2. Feitiçaria 3. Wicca
  I. Título II. Santos, Renan III. Brandão, Gabee

24-4218   CDD 133

          Índice para catálogo sistemático:
              1. Ciências ocultas

[2024]
Todos os direitos desta edição reservados à
DarkSide® Entretenimento LTDA.
Rua General Roca, 935/504 — Tijuca
20521-071 — Rio de Janeiro — RJ — Brasil
www.darksidebooks.com

KELDEN

LIVRO MÁGICO
SABBATH DAS BRUXAS

A ORIGEM E AS
PRÁTICAS MODERNAS
DA BRUXARIA NATURAL

ILUSTRAÇÕES
GABEE BRANDÃO

TRADUÇÃO
RENAN SANTOS

DARKSIDE

*Para a minha irmã, Breanna.
Obrigado por me ensinar a magia da escrita.*

ORIENTAÇÕES & RESSALVA

Este livro é um compilado de conhecimentos extraídos de fontes históricas, folclóricas e experiências pessoais. Embora essas informações possam ser úteis e interessantes, é fundamental compreender que elas não substituem o aconselhamento e o tratamento fornecidos por profissionais de saúde qualificados.

Ao explorar as práticas e as informações apresentadas neste livro, recomendamos que você use o bom senso e que sempre consulte um profissional de saúde quando necessário. Esperamos que você aproveite este livro de forma responsável e que as informações aqui contidas possam enriquecer sua jornada de aprendizado e aprofundar seu autoconhecimento.

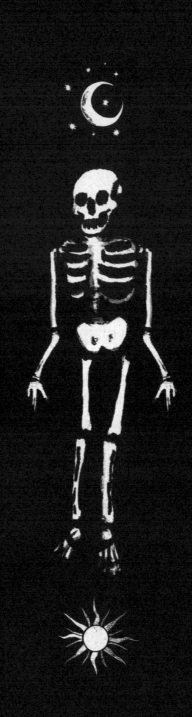

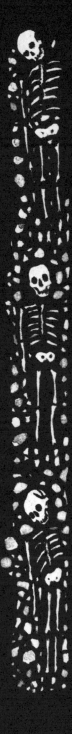

SABBATH DAS BRUXAS

SUMÁRIO

Prefácio de Jason W. Mankey } 15
Introdução } 19

Cap. 1 | **Atiçando o Fogo do Sabá** } 25

Cap. 2 | **O Reavivamento do Sabá** } 53

Cap. 3 | **Viagens, Horários e Refúgios do Sabá** } 75

Cap. 4 | **Através da Cerca e pelos Ares** } 94

Cap. 5 | **Uma Comitiva Estranha e Sinistra** } 123

Cap. 6 | **O Círculo do Sabá** } 141

Cap. 7 | **Rituais Malignos e Farras Devassas** } 155

Cap. 8 | **Dançando no Território do Diabo** } 181

Conclusão } 203
Apêndice: Acusadas de Bruxaria } 207
Glossário } 209
Leitura Recomendada } 214
Bibliografia } 216

Prefácio

Meu primeiro ritual bruxo com outras pessoas ou entidades ocorreu em uma noite de verão, no banco de trás do carro do meu pai. Eu tinha ido com ele e alguns amigos dele para um show fora da cidade, no solstício de verão. Na volta para casa, fechei meus olhos e me encontrei em algum *outro* lugar. Esse outro lugar não era como os rituais do sabá (celebração sazonal) sobre os quais eu lera em livros sobre bruxaria e Wicca — era um local cheio de espíritos e bruxas do Outro Mundo. Esse tal lugar, visitado por mim, parecia estar fora do espaço e do tempo conhecidos, como se os visitantes presentes lá pudessem ter sido de qualquer período ou lugar. Sem pensar a respeito, mesmo sem ter tentado chegar lá, eu tinha visitado o lendário Sabá das Bruxas, uma experiência de bruxaria como nenhuma outra. Anos depois, conforme comecei a fazer amizades na comunidade da bruxaria, mencionei minhas experiências nesse outro mundo. Algumas dessas bruxas olharam para mim com perplexidade, enquanto outras acenaram com a cabeça e começaram a concluir minhas frases por mim. Fiquei surpreso ao descobrir que outras bruxas haviam visitado o mesmo lugar que eu visitara, e que nossas experiências foram semelhantes.

O Sabá das Bruxas é um tópico bastante mencionado nos livros de bruxaria, mas raramente é esmiuçado. Ao longo dos últimos cinquenta anos, virou moda escrever sobre a bruxaria de um modo que a torna segura e saudável para não praticantes. Tais descrições embotam as extremidades afiadas da bruxaria e as tornam cantos redondos, excluindo tudo que possa deixar os vizinhos desconfortáveis. Durante a era do Pânico Satânico (da metade da década de 1970 até o início dos anos 1990), talvez essa tenha sido uma estratégia aconselhável em locais públicos; porém, torna a bruxaria muito mais entediante e menos vibrante.

Centenas de anos atrás, as pessoas acusadas de bruxaria eram, quase sempre, as mais vulneráveis e marginalizadas da sociedade. As acusadas de serem bruxas, predominantemente mulheres, foram desprezadas por assumirem sua sexualidade, praticarem magia e perturbarem a ordem social. Nem todas foram executadas, mas a morte foi uma punição distribuída a dezenas de milhares. Mesmo a simples acusação de bruxaria poderia ter sérias repercussões: desalojamento, dificuldades financeiras e perda de familiares e amigos. Muitas das torturadas e acusadas de bruxaria confessaram o comparecimento ao que ficaria conhecido como o Sabá das Bruxas. Nele, indivíduos eram livres para assumir sua identidade sexual, se entregar a práticas mágicas, dançar, banquetear-se e fazer outras coisas que tornam a vida digna de ser vivida. Confissões obtidas via tortura são sempre suspeitas, mas me parece que essas supostas bruxas estavam realmente indo a *algum lugar*. O Sabá era uma fuga, um local para se deleitar em seu eu ideal e onde todos os presentes estavam dispostos a aceitá-lo.

Ocorre com frequência uma enorme desconexão entre as bruxas contemporâneas e aquelas executadas durante os julgamentos de bruxas. Muitos acadêmicos modernos zombam das sugestões de que o ofício de hoje tenha origens no passado mais distante, mas não tenho certeza se tais teorias podem ser desacreditadas por inteiro. Embora seja improvável que haja uma corrente inquebrável conectando minhas crenças sobre bruxaria com as vítimas dos julgamentos de bruxas de quatrocentos anos atrás, com certeza existem conexões. Havia uma esperteza nas descrições do Sabá

das Bruxas lá atrás tanto quanto há agora, uma perspicácia que inspira e provoca. E é inegável que as histórias contadas sobre o Sabá pelas acusadas de bruxaria séculos atrás ainda continuam a influenciar o nosso ofício.

Sempre senti como se a bruxaria fosse uma jornada e não um destino, e você partirá em várias jornadas neste livro. Você se encontrará em conexão com bruxas de muito tempo atrás, enquanto também será arrastado por contos sobre o Belo Povo, espíritos familiares e até o próprio Diabo. Você irá explorar numinosas localidades do sabá e testemunhará estranhas danças e práticas da magia. Haverá paradas contemporâneas também, visitas a pioneiros da bruxaria, tais como os negligenciados Austin Osman Spare e Andrew Chumbley. E você chegará a ver como o Sabá das Bruxas veio a existir nas práticas modernas tanto da bruxaria tradicional como da Wicca.

Além da história e do folclore, Kelden compartilha os muitos caminhos que podem levar a bruxa moderna em sua jornada pessoal até o Sabá. O outro lugar pode ser alcançado expandindo nossa consciência, ou talvez suavizando nossas mentes terrenas com um elixir ou o lendário unguento das bruxas. Ao trilhar o moinho das bruxas, podemos usar nossos corpos físicos para nos ajudar a alcançar outro estado de consciência e uma realidade diferente. Ser uma bruxa é atravessar o espaço entre os mundos e tudo que habita tais lugares liminares. Muitas que buscam o Sabá das Bruxas tropeçam de forma cega até alcançá-lo, desconhecendo o espaço no qual estão entrando. Existem também aquelas que escrevem sobre o Sabá como um segredo guardado a sete chaves, sussurrando sobre o caminho e ao mesmo tempo se recusando a fornecer um mapa. Neste livro, Kelden não apenas fornece esse mapa; ele concede a você uma visita guiada. O Sabá pode ser acessado por qualquer uma, sozinha ou com amigos, não importando o nível de experiência nem a especificidade da tradição. As chaves para essa jornada estão todas presentes aqui. É apenas uma questão de pegá-las e ter a intenção de usá-las.

Para algumas bruxas, a história pode ser entediante, mas não há nada monótono a ser encontrado nesta obra. *Sabbath das Bruxas* de Kelden é uma das melhores jornadas de bruxaria na qual estive há bastante tempo. O tamanho e o escopo dessa jornada são épicos, e acredito que ler este livro tornará você uma bruxa melhor. Tradicionalmente, as bruxas sempre têm sido as "outras", as pessoas que se recusam a se conformar aos parâmetros da sociedade e estão confortáveis em suas próprias (e em outras) peles. O Sabá das Bruxas é um lugar para se saciar nessa alteridade com outras que também a abraçam. Não importa como você chega ao Sabá; lá, você encontrará lar e poder. É uma jornada que vale a pena.

Jason W. Mankey
Julho de 2021

Introdução

Na noite de Valburga, uma bruxa solitária se aproxima da própria lareira com um saber tranquilo. As brasas esfriaram e se tornaram cinzas, deixando o lar parado e silencioso, com exceção de um relógio tiquetaqueando sobre a cornija da lareira. A hora se aproxima da meia-noite. Removendo a rolha de um pequeno pote de barro, a bruxa mergulha os dedos da mão esquerda em um unguento que emana um aroma terroso pungente. Com movimentos concentrados, ela esfrega o bálsamo pegajoso nos punhos, atrás das orelhas e sobre as solas dos pés. Então, montando em uma vassoura que estivera antes repousando contra a lareira de pedra cinzenta, a bruxa fecha os olhos e profere as palavras: "Melhor, melhor, alardeio um alarde, ao redor e em toda a parte". E num ímpeto sonoro ela é carregada pela chaminé noite afora.

O vento uiva enquanto a bruxa dispara através do céu escuro, uma tapeçaria preta como nanquim desprovida de estrelas e lua, as quais foram obscurecidas por nuvens espessas. Ela sobrevoa os telhados das casas, cujos habitantes dormem inquietos, com a cabeça preenchida por sonhos estranhos. E viaja para cada vez mais longe, cruzando perímetros urbanos até regiões rurais selvagens nas quais poucos ousam ir. A bruxa viaja cada vez mais alto, subindo a encosta de uma montanha iminente que tem a reputação de ser assombrada *por fantasmas e fadas. Por fim, alcançando o topo, ela aterrissa em meio a uma clareira, na qual outras já começaram a se reunir ao redor de uma fogueira crepitante.*

A turbulenta cena que se desenrola diante dos olhos da bruxa é ao mesmo tempo inspiradora e apavorante. Ao redor do fogo, de um brilho esverdeado sobrenatural, outras bruxas dançam em círculo, de costas para as chamas. A estranha dança acompanha a melodia de uma canção sombria tocada em flautas e tamborins. Outras bruxas estão sentadas ali perto, costurando bonecas e misturando pós, preparando itens para a execução de feitiços. Outras se encontram reunidas ao redor de uma longa mesa de banquete, ceando com pão e vinho. Entronado como chefe da reunião está um homem vestido todo de preto, o Diabo. Ele observa as bruxas conforme elas se deleitam em sua honra, cada ato sendo um empoderamento tanto para elas como para ele mesmo. Abandonando todas as tensões e preocupações mundanas, e todas as inibições mortais, a bruxa se junta às festividades, as quais continuarão até o cantar do galo, anunciando a chegada da aurora.

A história acima descreve os eventos do que é conhecido como o *Sabá das Bruxas*, um encontro noturno entre as bruxas e o Diabo. Na adolescência, nada me agradava mais do que ler histórias sobre bruxas, tanto as ficcionais como as históricas. Um tema comum que acabei descobrindo nesses contos foi a ideia de que as praticantes do ofício se reuniam em alguma localidade secreta em noites especiais. É claro que, dependendo da fonte, esses encontros variavam desde os relativamente benignos até os abertamente diabólicos. Em uma história, o Sabá poderia ser descrito como uma assembleia excêntrica — embora sinistra —, enquanto em outra era mostrado como bárbaro, grotesco e maligno. De qualquer modo, havia algo incrivelmente fascinante nessas reuniões, algo que puxava meu espírito e sussurrava de forma encorajadora para que eu me aproximasse.

Introdução 21

Quando soube pela primeira vez sobre a prática da bruxaria moderna, em específico a Wicca, fui ensinado sobre os *sabás*. Na Wicca e em alguns outros caminhos neopagãos, os sabás são rituais celebratórios (conhecidos coletivamente como a *Roda do Ano*) cujo foco está em se conectar com as divindades conforme elas são refletidas nos fluxos das mudanças sazonais. Contudo, embora esses sabás sejam uma conceitualização contemporânea, eles são baseados, em parte, em um folclore mais antigo, relacionado àqueles mesmos encontros noturnos de bruxas sobre os quais eu lera na infância. Conforme minha prática pessoal enquanto bruxo se alterou ao longo dos anos e me tornei mais interessado na *bruxaria tradicional* (forma não wiccana do ofício), comecei a reconsiderar o folclore do Sabá e como ele poderia ser aplicado em minha prática moderna. O livro que você está prestes a ler é a culminação dos meus anos de pesquisa sobre o Sabá das Bruxas, assim como minhas próprias experiências de viajar até ele.

É importante observar desde já que o material neste livro — em particular, o relacionado à prática moderna — será apresentado através da lente específica da bruxaria tradicional. No ofício tradicional, praticantes veem o Sabá como uma reunião de bruxas e de espíritos variados no Outro Mundo. Embora existam maneiras de ele ser encenado no espaço físico (as quais serão abordadas no capítulo 8), o foco primário das discussões a respeito da aplicação moderna será no Sabá enquanto evento espectral, que requer da bruxa solitária viajar até o Outro Mundo. Portanto, embora a Roda do Ano da Wicca seja discutida em termos de seu relacionamento com o desenvolvimento histórico global do Sabá das Bruxas, por favor, esteja ciente de que este não tem a intenção de ser um livro sobre a Wicca, nem sobre os festivais sazonais celebrados dentro dessa vertente específica do ofício. Dito isso, embora os capítulos referentes à aplicação moderna estejam enraizados na bruxaria tradicional, qualquer um pode fazer uso das crenças e práticas encontradas neles, independentemente da tradição seguida.

O livro em si está estruturado em capítulos dedicados de forma alternada ao pano de fundo histórico e folclórico do Sabá das Bruxas e da prática moderna. No intuito de ilustrar ainda mais a natureza do Sabá, incluí seções extras intituladas "O Sabá na Arte". Como o nome sugere, nelas você encontrará avaliações do Sabá conforme ele apareceu em formas variadas de arte ao longo do tempo. Além disso, há diversos exercícios neste livro, incluindo receitas, feitiços e rituais, que lhe ajudarão em sua jornada pessoal até o Sabá das Bruxas. Ao final, há um apêndice contendo uma lista das muitas acusadas de bruxaria mencionadas no livro, incluindo sua localização geográfica e a data na qual elas foram julgadas ou executadas, para referência rápida e fácil. Nas últimas páginas, você ainda encontrará glossário, bibliografia e lista de leituras recomendadas.

Transcrições dos Julgamentos das Bruxas

Ao discutir o Sabá das Bruxas, citarei as confissões daquelas pessoas que foram acusadas de bruxaria por toda a Europa e no início das colônias norte-americanas. Ao mencionar esses casos, não estou tentando sugerir que as acusadas eram realmente praticantes da bruxaria. Sabemos hoje que a maioria das confissões foi obtida sob tortura, durante as quais as pessoas teriam confessado qualquer coisa para escapar da dor e da morte. Além disso, algumas foram sujeitas a privação do sono e outras condições hostis, sob as quais tanto sua saúde física como mental se deteriorava com rapidez. Os interrogadores também eram culpados de utilizar questões capciosas e outras técnicas com o objetivo de manipular a narrativa para encaixá-la a seus próprios objetivos. Por fim, confissões não foram sempre registradas palavra por palavra, e traduções posteriores foram suscetíveis à distorção — algumas vezes, até mesmo de forma intencional.

Assim, embora o mais provável seja que as acusadas fossem inocentes, permanece o fato de que muitos dos detalhes presentes em suas confissões — sejam eles fornecidos por elas mesmas ou inseridos pelos interrogadores — refletiam crenças pré-estabelecidas em relação à prática da bruxaria. A autora Emma Wilby destaca que, no que diz respeito às confissões feitas pelas acusadas, "Devemos presumir que, ao elaborarem seus relatos sobre as festividades benignas akelarre [Sabá], as suspeitas se valeram da fofoca e da propaganda em torno dos encontros noturnos de bruxas que circulavam na região, tanto antes como durante a perseguição às bruxas".[01] Portanto, declarações confessionais podem ser mineradas enquanto repositórios de crenças populares; neste caso, aquelas que dizem respeito em específico ao Sabá das Bruxas. E o exame das transcrições dos julgamentos nos permite, enquanto praticantes na atualidade, compreender melhor as maneiras pelas quais os relatos dados pelas acusadas acidentalmente influenciaram o desenvolvimento da bruxaria moderna. Além disso, tais explorações também nos fornecem uma abundância de sabedoria popular que pode ajudar a inspirar ainda mais a nossa prática enquanto bruxas daqui em diante.

Países Discutidos

Neste livro, adotarei uma abordagem multirregional, discutindo o Sabá conforme ele apareceu em vários países diferentes. Como já referi, isso incluirá diversos países europeus, assim como as primeiras colônias norte-americanas. O conceito de assembleias noturnas das bruxas emergiu em diversos lugares, e os discutidos neste texto de forma alguma compõem uma lista exaustiva. Certos países não são mencionados aqui, seja em razão de ausência de histórias de Sabá ou por escassez de documentação relativa aos julgamentos que ocorreram em tais regiões. Conforme avançar na leitura, você também perceberá que alguns países são discutidos em profundidade, enquanto outros são apenas mencionados brevemente. O motivo para essa discrepância está no volume de detalhes fornecidos em certos lugares, que foi menor em alguns e maior em outros, como os relatos dos sabás ingleses que foram bastante diminutos em comparação com aqueles encontrados na França e na Espanha.

---

01 WILBY, Emma. *Invoking the Akelarre: Voices of the Accused in the Basque Witch-Craze, 1609–1614.* Chicago: Sussex Academic Press, 2019, p. 182-83.

locais ou ocasionar outros desastres variados. Em razão disso, elas sempre ofereceram algum tipo de perigo à sociedade como um todo, um véu intimidante que ameaçava envenenar a vida cotidiana do povo devoto. Contudo, por um longo tempo, bruxas foram vistas como praticantes solitárias que conduziam suas artes sombrias sozinhas. Mas, na época do início dos julgamentos das bruxas europeias (aproximadamente no século XV), ideias aterrorizantes haviam começado a surgir relacionadas a grandes grupos de bruxas que voavam pela calada da noite até encontros demoníacos com o Diabo. Essas reuniões noturnas, que se tornariam um elemento central em muitos julgamentos, envolviam uma série de atividades nefastas, tais como adoração ao demônio, invocação de feitiços prejudiciais, banquetes com carne de crianças e orgias selvagens. Essa associação das bruxas com o Diabo tem sido referida por muitos nomes ao longo da história e do folclore, desde termos genéricos como *assembleia* a outros mais específicos como *sinagoga*. Entretanto, a denominação mais longeva, e com o qual as pessoas estão mais ambientadas atualmente, é *sabá*.

De um ponto de vista moderno, o sabá é uma construção relativamente ordenada e bem definida, como uma tapeçaria tecida de forma intrincada, cheia de ricos detalhes. Porém, como uma tapeçaria, as imagens do Sabá das Bruxas foram tecidas a partir de muitos fios díspares, e esse foi um processo gradual ao longo do tempo. Para o desgosto dos pesquisadores (eu incluso), não há um ponto de origem distinto, nem um momento específico no qual o conceito foi trazido à vida. A despeito de seu exato momento de criação ser desconhecido, a noção do Sabá das Bruxas surgiu durante a Idade Média, de uma mistura de ideias eclesiásticas relacionadas à demonologia, fundidas com elementos do paganismo antigo que havia sido preservado no folclore popular. Em vez de ser uma entidade monolítica, no começo o sabá foi mais uma estrutura solta sobre a qual variados elementos regionais e culturais seriam acrescentados ao longo do tempo. O resultado, e o que ainda nos resta, são histórias com vívidos detalhes relacionadas aos encontros noturnos de bruxas para praticarem feitiços malignos e prestarem homenagens ao Diabo. Mas, para ter uma compreensão equilibrada desses contos e do papel desempenhado por eles na prática atual da bruxaria, devemos determinar como sua estrutura básica foi originalmente concebida. Para fazê-lo, será necessário desmantelar a narrativa conforme ela é conhecida hoje e examinar todas as partes individuais. Desse modo, para compreender de verdade o que viria a se tornar o Sabá das Bruxas, devemos começar puxando os fios da história e do folclore e desenredar a tapeçaria inteira.

Etimologia do Sabá das Bruxas

É comum dizerem que saber o verdadeiro nome de algo lhe dá poder sobre ele. Seja isso verdade ou não, saber as origens de uma palavra com certeza nos dá um entendimento valioso a respeito do que ela descreve. Assim, antes de imergirmos na história de seu desenvolvimento, será bastante útil examinar a etimologia específica do termo *Sabá das Bruxas*. A palavra *sabá* [*sabbath*, em inglês] há muito tem sido associada tanto ao judaísmo como ao cristianismo, referindo-se a seu dia sagrado da semana. A palavra deriva do latim *sabbatum*, do grego *sabbaton* e do hebreu *shabbath* — todas significando "dia do descanso".[01] Tradicionalmente, esse período de descanso ocorria no sétimo dia da semana, ou sábado. De acordo com o livro do Gênese, foi no sétimo dia que Deus descansou após terminar a criação do mundo. Mas isso apenas traz a pergunta: como um termo que tem sido classicamente usado para descrever um dia sagrado, tanto para judeus como para cristãos, veio ser associado com a reunião das bruxas?

O termo específico *Sabá das Bruxas* tem origem obscura e, até hoje, uma proveniência segura permanece ausente. Um dos mais antigos usos documentados do termo *sabá* em conexão com *bruxas* supostamente ocorreu no relato do julgamento de uma mulher francesa, Jehanne Guerme, em 1446. Dezesseis anos mais tarde, em 1462, o termo *sabá* outra vez apareceu no *Flagellum maleficorum* [Flagelo das Bruxas] de Petrus Mamoris.[02] Contudo, o uso de sabá como o nome para as reuniões de bruxas não se tornaria popular até o final do século XVI em diante. Antes disso, encontros de bruxas eram referidos por muitos outros nomes, incluindo *assembleias, conventos* e *sinagogas*. O uso deste último termo, que tem sido adotado historicamente para descrever congregações de pessoas judias, revela uma crença preconceituosa antiga de que o judaísmo era tanto uma forma de heresia como de bruxaria. E, conforme se verá em breve, a perseguição ao povo judeu durante o começo da Idade Média desempenhou papel fundamental no germinante desenvolvimento da narrativa do Sabá das Bruxas.

Uma explicação adicional do uso da palavra *sabá* para descrever reuniões de bruxas foi insinuada pelo jurista e teórico político Jean Bodin. Em seu influente livro de 1580, *De la démonomanie des sorciers* [A Demonomania das Feiticeiras], Bodin escreveu que o sábado era um dia santificado por Deus. Mas, em uma estranha reviravolta, também foi nessa noite

---

01 "Sabbath (n.)". *Online Etymology Dictionary*.

02 OSTORERO, Martine. "The Concept of the Witches' Sabbath in the Alpine Region (1430–1440): Text and Context". In: KLANICZAY, Gábor; PÓCS, Éva (eds.). *Witchcraft Mythologies and Persecutions. Demons, Spirits, Witches*, vol. 3. Nova York: Central European University Press, 2008, p. 28.

que Deus supostamente deu permissão a espíritos malignos para castigar e agredir o povo. O teórico seguiu acrescentando que o sábado [*Saturday*, em inglês] pertencia ao planeta Saturno, que há muito se acreditava possuir poder maléfico. É interessante observar, conforme destaca Bodin, que a palavra hebraica para Saturno é *Shabtai*, a qual em si está associada com a palavra *shabat* ou *sabbath*.[03] Contudo, conforme discutiremos no capítulo 3, a data do Sabá das Bruxas tinha enorme variação e sua ocorrência não foi exclusiva das noites de sábado. Todavia, outra sugestão proeminente tem sido a de que o Sabá das Bruxas como um todo era uma inversão, ou ao menos uma inversão parcial, da fé cristã. Nesse caso, parecia que a data em particular não importava tanto quanto os eventos diabólicos específicos que ocorriam nela. Eram esses detalhes os mais interessantes aos perseguidores e escritores da época. Nesse sentido, o termo *Sabbath* foi usado de forma bastante liberal para descrever qualquer ajuntamento de bruxas, independentemente do dia específico da semana. E, do final do século XVI em diante, *Sabá* se tornou a palavra comum usada para denominar essas convocações de feitiçaria.

Primeiras Acusações

Conforme embarcamos em nossa exploração do desenvolvimento histórico do Sabá das Bruxas, devemos iniciar com uma discussão sobre um tópico bastante surpreendente: as acusações feitas por pagãos romanos contra os primeiros cristãos. Durante o primeiro século e nos seguintes, conforme a cristandade começava a crescer, o povo romano via suas práticas com altíssima suspeita. A partir dessas desconfianças, deram início à circulação de acusações e rumores sussurrados. Diziam que os cristãos se reuniam regularmente à noite para participarem de três atos imperdoáveis e hediondos: infanticídio, canibalismo e orgias incestuosas. De todos os crimes possíveis,

---

03 BODIN, Jean. *On the Demon-Mania of Witches*. Tradução de Randy A. Scott. Toronto: Centre for Reformation and Renaissance Studies, 1995, p. 150-51.

esses três em particular eram prováveis de serem citados, devido à maneira monstruosamente antiética de tais ações, tanto para a humanidade civilizada como para a natureza em si. Há motivos para acreditar que tais estereótipos perniciosos já estavam presentes em 112 d.C., pois Plínio, o Jovem, escreveu sobre cristãos defendendo-se contra rumores não nomeados relacionados a seus encontros religiosos.[04] Talvez o mais detalhado relato das acusações iniciais contra cristãos venha de *Octavius*, escrito por Marcus Minucius Felix por volta do final do século II.

O texto foi escrito no formato de uma conversa entre um pagão, Caecilius Natalis, e um cristão, Octavius Januarius. No capítulo 9, Caecilius argumenta contra o cristianismo citando diversos rumores que ele escutara sobre seus fiéis. Ele descreve como os cristãos supostamente adoravam a cabeça cortada de um asno, o qual, destaca ele, era considerado o mais abjeto dos animais. Além disso, Caecilius comenta a respeito de como se acreditava que os cristãos idolatravam os genitais dos padres. Esses dois atos eram parte dos ritos noturnos e secretos da religião, paralelos a cerimônias cinzentas de iniciação envolvendo o assassinato e a canibalização de crianças. Em específico, era exigido de um novato cristão esfaquear repetidas vezes um amontoado de massa de pão na qual outros membros haviam escondido um bebê. Juntos, os congregados então se banqueteavam no cadáver da criança. Por fim, Caecilius detalha como a reunião diabólica inteira havia sido iluminada por uma única lamparina, na qual um cachorro fora amarrado. Ao final da cerimônia, um pedaço de comida era jogado diante desse cachorro que, em sua tentativa de obter o bocado, acabava por derrubar a lamparina. A sala era mergulhada em completa escuridão, e era nesse ponto que atividades sexuais indiscriminadas, incluindo incesto, tinham início.[05]

04 PLÍNIO, O JOVEM. *The Letters of the Younger Pliny*. Tradução de John B. Firth, série 2. Londres: Walter Scott, 1900, p. 270-72.

05 FELIX, Marcus Minucius. *Octavius*. Tradução de Robert Ernest Wallis. *In*: ROBERTS, Alexander; DONALDSON, James (eds.). *Ante-Nicene Fathers. Tertullian, vol. 3*. Peabody, MA: Hendrickson Publishers, 1995, p. 177-78.

As acusações e os estereótipos, tais como os apresentados em *Octavius*, ajudariam a alimentar a perseguição contra os primeiros cristãos até o século IV, quando então o cristianismo assumiu o controle e se tornou a religião oficial do Império Romano. E, como se veria mais adiante, o crescente império cristão se inspiraria nos pagãos romanos e gregos ao depositar acusações contra seus inimigos relacionadas a supostos encontros clandestinos envolvendo infanticídio, canibalismo e incesto. A imagem dessas reuniões sorrateiras pode ser vista como uma antecessora antiga do Sabá das Bruxas, cujas descrições apresentariam esses mesmos três atos já mencionados. Mas haveria ainda muito mais tijolos no muro proverbial; os próximos foram dois grupos particulares que atraíram a ira da Igreja Católica Romana no início do século XII. E foi sua perseguição que trouxe a narrativa do Sabá das Bruxas um passo mais próximo da realização.

Uma Trama Venenosa

Em 21 de junho de 1321, o então rei da França, Filipe V, emitiu um decreto que autorizava o confinamento e o extermínio de leprosos. A lepra, doença infecciosa caracterizada por feridas deformadoras na pele e danos aos nervos, foi uma grande preocupação da França durante o século XIV. O medo de contágio era palpável entre as pessoas, e a histeria era difundida por todas as comunidades. Antes do decreto do rei, circulavam rumores de que pessoas com lepra tramavam em segredo para infectarem cristãos saudáveis por meio da contaminação de poços locais, fontes e rios com venenos. Em 4 de junho de 1321, Guillaume Agassa confessou estar envolvido nessa trama após comparecer a uma assembleia de leprosos. Aos presentes, o líder da assembleia teria expressado: "Vocês veem e escutam sobre como outros cristãos saudáveis mantêm a nós, doentes, na vergonha e no desrespeito, e como eles nos expulsam de seus encontros e reuniões, e nos têm em escárnio, censura e desconsideração". Assim, como forma de vingança, a trama para envenenar cristãos, para infectá-los com lepra, foi estabelecida. O interessante é que Agassa também mencionou que foi exigido aos membros desse encontro que renunciassem sua fé cristã. Além disso, ele relatou que o líder informou que, em uma reunião futura, seriam solicitados a profanar uma hóstia e esmagar uma cruz com os pés, atos apóstatas que, mais tarde, se tornariam uma característica comum da narrativa do Sabá das Bruxas.[06]

Enquanto em algumas áreas se acreditava que os leprosos estivessem sozinhos em suas ações, em outras, pensava-se que havia mais forças operando junto a eles. Por exemplo, em uma confissão, foi explicado que o condenado havia realmente sido pago por um indivíduo judeu que lhe dera veneno para espalhar no suprimento de água local. Várias receitas foram dadas para esse veneno, incluindo uma que continha sangue humano, urina, três ervas e uma hóstia consagrada — todas as quais eram desidratadas e reduzidas a um pó, que era colocado em pequenas bolsas pesadas. Em outros relatos, foi o rei muçulmano de Granada que ofereceu ao povo judeu uma alta soma em dinheiro para que eles se livrassem dos cristãos por ele. No intuito de evitar suspeita, contudo, o povo judeu contratou os leprosos para fazerem tal trabalho.[07]

Como resultado da ampla difusão da histeria, das várias teorias conspiratórias e, por fim, do decreto do rei Filipe, os indivíduos com lepra (incluindo as crianças) foram encarcerados. E, por ordens do rei, os leprosos foram questionados pelas autoridades, e os que confessavam terem participado na trama acabavam queimados na fogueira. As únicas exceções foram as mulheres grávidas e as crianças menores de 14 anos. As primeiras eram queimadas apenas depois de darem à luz, e as últimas após terem alcançado a maturidade. Qualquer um que se recusasse a confessar estaria sujeito a vários métodos de tortura até admitir culpa. Os que se negassem a obedecer, mesmo após terem sido torturados, eram mantidos na prisão.[08] Embora o decreto não dissesse nada a respeito do povo judeu, ainda assim

06 BARBER, Malcolm. "Lepers, Jews and Moslems: The Plot to Overthrow Christendom in 1321". *History* 66, n. 216, 1981, p. 7-8.

07 GINZBURG, Carlo. *Ecstasies: Deciphering the Witches' Sabbath.* Tradução de Raymond Rosenthal. Nova York: Pantheon Books, 1991, p. 35.

08 BARBER. "Lepers, Jews and Moslems", p. 3.

ocorreram massacres desenfreados, tais como o de Chinon, no qual 160 judeus foram queimados vivos em uma cova enorme.[09] No entanto, durante a década seguinte, o medo de leprosos e as teorias conspiratórias resultantes sobre supostas tramas de envenenamento se dissiparam com rapidez. Em 31 de outubro de 1338, o papa Benedito XII emitiu uma bula pontifícia na qual ele declarava que a corte havia — em algum momento prévio — declarado os leprosos inocentes dos crimes dos quais haviam sido acusados nos anos anteriores.[10] Mas o dano já havia sido causado, e, embora os leprosos parecessem ter recebido a absolvição, o mesmo não poderia ser dito sobre o povo judeu. Infelizmente, para eles e para outros grupos que os cristãos tomariam como heréticos, a perseguição estava apenas começando.

Seitas Heréticas

A heresia, que inclui qualquer crença ou prática desviante da ortodoxia do catolicismo romano, era uma preocupação relativamente pequena antes do século XII. Antes dessa época, os casos geralmente se concentravam em indivíduos ou pequenos grupos em vez de grandes seitas. Contudo, isso começou a mudar ao se avançar para o século XI, à medida que grupos dissidentes se tornaram mais organizados e populares. No ano de 1184, a primeira onda da Inquisição Medieval, conhecida como a *Inquisição Episcopal*, foi estabelecida pelo papa Lúcio III, com o propósito de desenraizar os hereges — neste caso, um grupo conhecido como cátaros. Em 1231, outra inquisição, dessa vez conhecida como a *Inquisição Papal*, foi lançada pelo papa Gregório IX, na qual uma seita, os valdenses, foi perseguida. Dentre os vários grupos considerados hereges, foram os valdenses que se tornaram mais fortemente associados à bruxaria, e pode ter sido a demonização deste grupo em particular o que ajudou a propagar ainda mais a narrativa do Sabá das Bruxas.

09 RICHARDS, Jeffrey. *Sex, Dissidence and Damnation*. Nova York: Routledge, 1994, p. 163.
10 GINZBURG. *Ecstasies*, p. 53.

Supostamente fundada por um homem chamado Valdés, o movimento valdense emergiu durante o final da década de 1170 em Lyon, na França. Valdés havia sido um mercador abastado que, após ter se comovido com a história de Santo Aleixo, desistiu de sua fortuna e começou a pregar sobre empobrecimento como um meio para atingir a perfeição espiritual. Ele atraiu rapidamente seguidores, que ficaram conhecidos como os "Pobres de Cristo" ou os "Pobres Homens de Lyon". Como seu fundador, os valdenses se empenharam na pureza religiosa, renunciando posses materiais e sobrevivendo exclusivamente de esmolas. No entanto, para além disso, o movimento estava enraizado em profundas discordâncias com o modo pelo qual a Igreja Católica Romana estava sendo administrada. Assim, fiéis rejeitavam muitas das armadilhas da Igreja, incluindo a hierarquia estabelecida. Em vez de terem clero ordenado de forma específica, qualquer um dentro do movimento que se sentisse compelido — incluindo as mulheres — tinha permissão para assumir o manto de pregador. Além disso, os valdenses desprezavam as elaboradas cerimônias da Igreja e focavam em uma ortopraxia limitada que incluía rituais simples executados em uma base mínima. Esses ritos incluíam apenas três sacramentos: batismo, nascimento e eucaristia, esta última sendo observada apenas uma vez por ano. Não só essas crenças e práticas se desviavam de modo significativo das da Igreja, como ainda ameaçavam sua autoridade e controle sobre a Bíblia, a qual os pregadores valdenses haviam traduzido do latim e disseminado entre seu povo. Assim, não surpreende que, em 1184, os valdenses tenham sido denunciados como hereges, e a perseguição a eles tenha começado pouco depois.[11]

A condenação de seitas heréticas, incluindo a dos valdenses, foi alimentada pelos mesmos rumores que haviam afligido os primeiros cristãos, os leprosos e os judeus antes deles. O papa Gregório IX havia emprestado sua autoridade às crescentes preocupações quando editou uma bula pontifícia em 1233, conhecida como *Vox in Rama*, a qual condenava a heresia e promovia cruzadas contra ela. O mais importante é que a bula

---

11 RICHARDS. *Sex, Dissidence and Damnation*, p. 46-47.

34   *Sabbath das Bruxas* • Kelden

continha imagens vívidas relacionadas às práticas e crenças das supostas seitas heréticas, incluindo encontros noturnos contendo atos de apostasia, adoração ao Diabo e orgias incestuosas.[12] No ano de 1338, um homem franciscano chamado John escreveu sobre os hereges, provavelmente os valdenses, que estavam sendo torturados e queimados na fogueira na Áustria e em outros países vizinhos. Em seus escritos, John delineou os rituais supostamente praticados por tais hereges, incluindo a aparência de um homem vestido como um nobre, que se anunciava como o Rei do Paraíso. Esse tal rei, que diziam ter sido o próprio Lúcifer, comandava os hereges a obedecerem e a interpretarem sua doutrina antes de apagar as luzes e entregá-los ao caos orgástico.[13]

Em razão da severidade da perseguição resultante, no século XIV quase todos os valdenses — os mais ativos na França e na Itália — recuaram até os Alpes Ocidentais. Lá, foram capazes de construir uma fortaleza que permaneceu quase impenetrável por algum tempo. Contudo, os viajantes pregadores valdenses que ainda estavam ativos permaneceram sob risco de captura. Em 1387, Antonio Galosna ficou preso por muitos meses antes de enfim confessar que havia comparecido a encontros noturnos dos valdenses. Ele relatou que, durante esses encontros, os membros comiam pão e bebiam uma bebida especial feita dos excrementos de um sapo. Os participantes prometiam idolatrar um dragão que travaria guerra contra Deus e seus anjos antes de procederem e engatarem uma estereotípica orgia.[14] Demonstrando a persistência de tais crenças, um século mais tarde, em 1492, um valdense de nome Martin foi capturado e confessou pregar em uma sinagoga noturna. De acordo com a confissão

---

12   PAPA GREGÓRIO IX. "Vox in Rama". *In*: KORS, Alan Charles; PETERS, Edward (eds.). *Witchcraft in Europe: 400–1700*. Filadélfia: University of Pennsylvania, 2001, p. 114-16.

13   COHN, Norman. *Europe's Inner Demons*. Chicago: University of Chicago Press, 2000, p. 53-54.

14   LEA, Henry Charles. *A History of the Inquisition of the Middle Ages*, vol. 2. Nova York: Harper & Brothers, 1888, p. 257-58.

dele, após dar o sermão, a única vela que iluminava o encontro era apagada e atos de ordem sexual ocorriam. O valdense afirmou ainda que qualquer criança nascida de tais uniões era mais propensa a adotar o papel de pregador quando crescesse. Curiosamente, outro pregador capturado junto a Martin ofereceu detalhes similares relacionados à congregação noturna, porém acrescentou que as práticas se derivavam da idolatria de um ídolo identificado por variados nomes, como Baco, Baron, Cibil e as fadas.[15]

Conforme os valdenses continuaram a experimentar dura perseguição, um novo tipo de crime começou a se desenvolver na imaginação das autoridades instruídas. O crime em questão era uma mistura de heresia com *feitiçaria*, ou a prática da magia que envolve fazer pactos com demônios com o objetivo de adquirir poder. Em escritos de 1376, o inquisidor Nicolau Eymeric declarou que existiam certos magos que obtinham poder por meio da adoração a demônios e, ao fazê-lo, também eram culpados por heresia.[16] Ele achava que, ao fazer pactos com demônios, o indivíduo expressava a crença no poder divino de alguma outra força além do Deus cristão, o que estava em direta oposição aos ensinamentos da Igreja. Antes dos anos 1400, parece ter havido apenas uma distinção arbitrária entre feitiçaria e essas outras práticas mágicas que não envolviam acordos infernais. As últimas, que podem ser rotuladas como *magia popular*, costumavam contar com a ajuda de Deus ou dos santos para alcançar objetivos mágicos. No entanto, a linha que separava esses dois tipos de prática mágica se tornou cada vez mais borrada, e a magia popular comum começou a ser incluída na definição mais ampla de feitiçaria. Em 1398, por exemplo, a faculdade de teologia da Universidade de Paris — reconhecida

---

15 HATSIS, Thomas. *The Witches' Ointment*. Rochester, VT: Park Street Press, 2015, p. 55.

16 EYMERIC, Nicolau. "Directorium inquisitorum". *In*: KORS, Alan Charles; PETERS, Edward (eds.). *Witchcraft in Europe: 400–1700*. Filadélfia: University of Pennsylvania, 2001, p. 120-27.

como detentora da "primeira colocação na ciência das letras sagradas" pela coroa francesa — condenava "artes mágicas e outras superstições" em paralelo a fazer acordos com demônios.[17]

Conforme esse novo tipo de delito se desenvolveu, o qual muitos acadêmicos modernos referem como *bruxaria diabólica*, ele foi sendo associado com os valdenses. Durante uma série de julgamentos ocorridos em Fribourg durante a década de 1430, um grupo de valdenses foi acusado de comparecer a assembleias heréticas e de possuir poderes mágicos. Assim, os rumores antigos de infanticídio, canibalismo, orgias incestuosas e apostasia foram misturados com as novas preocupações relacionadas à heresia e feitiçaria. No conjunto, esses atos formavam o crime de bruxaria diabólica, que era então enxertado em seitas heréticas, em particular a dos valdenses. De fato, a palavra *valdense* (*Vaudois*, nos Alpes francófonos) chegou a ser usada de forma sinônima à *bruxa*.[18] Porém, enquanto a perseguição dos grupos acima mencionados forneceu o enquadre para ideias eclesiásticas emergentes relacionadas ao sabá, outros componentes mais folclóricos estiveram sob desenvolvimento na mesma época — elementos fantásticos que por fim encontrariam seu caminho até as narrativas do Sabá das Bruxas, acrescentando a elas um brilho sobrenatural e do Outro Mundo.

---

17 FACULDADE DE TEOLOGIA DE PARIS. "The Theology Faculty of the University of Paris Condemns Sorcery". *In:* KORS, Alan Charles; PETERS, Edward (eds.). *Witchcraft in Europe: 400–1700*. Filadélfia: University of Pennsylvania, 2001, p. 127-32.

18 BROEDEL, Hans Peter. "Fifteenth-Century Witch Beliefs". *In:* LEVACK, Brian P. (ed.). *The Oxford Handbook of Witchcraft in Early Modern Europe and Colonial America*. Oxford: Oxford University Press, 2013, p. 40-41.

Os Pássaros Que Voam à Noite

Na Roma Antiga, a noite era considerada um período assombrado e perigoso. Eram nessas horas de escuridão que diziam haver criaturas assustadoras caminhando livres pela terra. Uma delas, conhecida como *estrige* (no plural, *estriges* ou *estrigal*), era similar à coruja, a qual se acreditava ter a propensão de envenenar crianças desprotegidas antes de canibalizar seus corpos. Escrito no ano 8 d.C., *Os Fastos*[19] de Ovídio continha referências às estriges, descritas como pássaros com penas cinzas, bicos em formato de gancho, garras de águia e olhos quase do tamanho da cabeça inteira. Essas aves monstruosas voavam por aí durante a noite, emitindo guinchos sobrenaturais enquanto procuravam por bebês desacompanhados, os quais elas apanhavam dos berços antes de consumirem suas entranhas com voracidade.[20]

No entanto, alguns diziam que as estriges não eram pássaros, e sim mulheres sedentas por sangue que tinham a habilidade de se metamorfosear. Nessa perspectiva, elas eram similares às bruxas romanas, as quais também se acreditava possuírem o poder da metamorfose. Dessa forma, era considerado plausível que as estriges fossem bruxas canibais que se transformavam em pássaros. De fato, no primeiro século d.C., o termo *estrigal* havia sido definido pelo gramático romano Sexto Pompeu Festo como a designação para mulheres que praticavam magia e voavam à noite.[21] A crença nas estriges continuou muito depois do período clássico e se espalhou geograficamente, firmando raízes amplas nas regiões germânicas ao norte de Roma. Durante o século sexto, menções a tais criaturas foram

---

19 Calendário romano poético escrito pelo poeta latino Ovídio. A obra, não concluída por conta do exílio que o autor sofrera, apresenta os principais festivais da Roma Antiga, detalhando sua importância e origem mitológica. (Nota do tradutor, de agora em diante N.T.)

20 OVÍDIO. *Os Fastos de Ovídio*. Tradução de John Benson Rose. Londres: Dorrell and Sons, 1866, p. 178-79.

21 SEXTO POMPEU FESTO. *De verborum significatione*, col. 1668. *In: Patrologia Latina 95*. Paris: Jacques-Paul Migne, 1861. Parafraseado em: HUTTON, Ronald. *The Witch*. New Haven: Yale University Press, 2017, p. 70-71.

feitas no *Lex salica* — um dos mais antigos códigos de leis germânicos. O *Lex salica*, escrito pelo rei franco Clóvis, tratava as estriges (referidas no texto por *estrigais*) como uma realidade. O texto fornecia as punições recomendáveis para aquelas que fossem provadas como sendo estriges e para qualquer um que fizesse falsas acusações. Contudo, a escrita de Clóvis também continha uma referência a outro tipo de indivíduo, o *herbúrgio*, definido como "alguém que carrega um caldeirão no qual as *estrigais* preparam sua comida".[22] Assim, a imagem das estriges fornecida no *Lex salica* sugeria que elas não tinham uma natureza solitária. Pelo contrário, eram retratadas se reunindo em assembleias, nas quais cozinhavam crianças dentro de caldeirões antes de devorá-las em um banquete de estilo comunitário — imagem similar a histórias posteriores das bruxas e dos seus encontros nos sabás.

Estendendo-se ainda mais até o final da Idade Média, a noção da mulher canibal voando à noite continuou tendo impacto duradouro, causando grande medo entre as pessoas comuns. No século XI, o bispo alemão Burcardo de Worms[23] escreveu sobre essas mulheres apavorantes no livro *Decretum*. Em essência, o escrito teve a intenção de desmantelar as crenças supersticiosas mantidas pela população em geral. Para tal, Burcardo fornece um olhar perspicaz sobre o folclore popular da época. Embora não tenha se referido a elas como estriges, no capítulo 19 (intitulado *De paenitentia*, também conhecido como o *Corrector Burchardi*), ele registrou a crença mantida pelo povo comum de que certas mulheres voavam juntas através da noite, assassinando cristãos antes de cozinharem e comerem suas carnes fervidas.[24] Dada a natureza do *Decretum* de ser uma fustigação

---

22 REI CLÓVIS. "Pactus Legis Salicae". *In:* DREW, Katherine Fischer (trad. e ed.). *The Laws of the Salian Franks*. Filadélfia: University of Pennsylvania Press, 1991, p. 125.

23 Burcardo de Worms foi o bispo de Worms no Sacro Império Romano-Germânico e autor de uma coleção de leis canônicas, descritas em vinte livros, conhecida como *Decretum Burchardi* ou *Collectarium canonum*. (N.T.)

24 BURCARDO DE WORMS. "The Corrector, sive Medicus". *In:* KORS, Alan Charles; PETERS, Edward (eds.). *Witchcraft in Europe: 400–1700*. Filadélfia: University of Pennsylvania, 2001, p. 63-67.

de superstições populares, ele exemplifica quão firmes eram as crenças relacionadas a tais figuras e quão longe elas se espalharam. E, conforme veremos mais adiante, o *Decretum* de Burcardo serviu de inspiração para muitos escritores dos assuntos da bruxaria e da demonologia. Assim, ideias relacionadas a essas mulheres terríveis e devoradoras de carne evoluíram de forma substancial desde o período clássico até o início da Idade Média, e foram preparadas e prontas para fornecer nuance folclórica às visões subsequentes do Sabá das Bruxas.

Andarilhas Noturnas

Os contos medonhos de mulheres bestializadas, por mais vitais que tenham sido, não foram os únicos a influenciar a narrativa do Sabá das Bruxas. De fato, houve outras figuras femininas sobrenaturais — as que perambulavam à noite com intenções relativamente mais benéficas — que se provariam tão instrumentais quanto as dos contos no desenvolvimento do sabá. Como já observado, o *Decretum* de Burcardo continha mais referências importantes, incluindo uma passagem do direito Católico Romano, o *canon Episcopi*. Registrado pela primeira vez em 906 por Regino de Prüm, o trecho em questão declarava: "Também não se pode omitir que algumas mulheres perversas, que se entregaram novamente a Satanás, sendo seduzidas pelas ilusões e fantasmas dos demônios, acreditam e professam que, nas horas noturnas, cavalgam sobre certas bestas ao lado de Diana, a deusa dos pagãos, e uma multidão inumerável de mulheres. Na calada da noite, cruzam vastas extensões de terra e obedecem aos comandos dela como sua senhora, sendo invocadas para servi-la em determinadas noites".[25] Essa passagem é importante não apenas por causa do considerável debate que provocaria

25 PRÜM, Regino de."A Warning to Bishops, the Canon Episcopi". *In:* KORS, Alan Charles; PETERS, Edward (eds.). *Witchcraft in Europe: 400–1700.* Filadélfia: University of Pennsylvania, 2001, p. 61-62.

entre perseguidores e escritores durante os Julgamentos das Bruxas, mas também em razão do folclore mais profundo, relacionado às mulheres andarilhas noturnas, para o qual ela acena.

No *Decretum* de Burcardo, o folclore das mulheres perambulando à noite foi ainda mais expandido. No decorrer do capítulo 19, junto da questão relacionada à crença em mulheres canibais, o bispo coloca três questões relativas a outras andarilhas noturnas. A primeira dizia respeito à crença em mulheres que cavalgavam noite afora montadas em bestas, ao lado de uma horda de outras mulheres (destacadas como sendo demônios disfarçados). Ele acrescenta que essa multidão de endemoniadas era liderada por *Hulda*, espírito feminino do folclore alemão que vivia nas florestas. A segunda questão se referia às mulheres mencionadas no *canon Episcopi*. Na verdade, a maior parte dela continha uma citação direta à passagem específica relacionada à Diana. A terceira lidava com a crença de que, em certas noites do ano, comida, bebida e três facas deveriam ser deixadas sobre a mesa para receber bênçãos de três irmãs visitantes (que, dizia ele, foram conhecidas no passado como as Moiras, irmãs da mitologia grega que determinavam o destino tanto dos deuses quanto dos seres humanos).[26]

Do século XIII em diante, histórias relativas às mulheres perambulando à noite continuaram a se expandir. Em algum momento durante a década de 1230, o teólogo francês William de Auvergne escreveu sobre "as senhoras" e a líder delas — a quem ele chamou de Satia ou Abundia —, e em como se acreditava que elas visitavam casas de humanos durante a noite. Se comida e bebida tivesse sido deixada para elas, se banqueteariam antes de abençoar a casa. Contudo, se nenhuma oferenda tivesse sido feita, elas deixariam atrás de si infortúnio.[27] Na Alemanha, o pregador Bertold de Regensburg alertou as pessoas para não darem crédito a espíritos da

26 WORMS, Burcardo de. "The Corrector, sive Medicus". *In:* *Witchcraft in Europe: 400–1700*, p. 63-67.

27 AUVERGNE, William de. *De Universo, vol. 1*. Paris: Operamania, 1674, p. 1036. Citado em: LECOUTEUX, Claude. *Phantom Armies of the Night*. Tradução de Jon E. Graham. Rochester, VT: Inner Traditions, 2011, p. 14-15.

noite, incluindo andarilhas noturnas, senhoras abençoadas e aquelas referidas por ele como as *hulden* (benevolentes) e *unhulden* (malévolas). Era por causa desses espíritos, dizia ele, que muitas camponesas deixavam as mesas cobertas de comida quando iam dormir à noite.[28] Abrangendo o final do século XIV, o autor francês Jean de Meun fez menção a "feiticeiras" que afirmavam perambular durante a noite, ao lado de Lady Abundance, em suas adições à obra *Roman de la Rose* (originalmente escrita na década de 1320 pelo poeta francês Guillaume de Lorris). Elas deixavam seus corpos físicos para trás e viajavam em espírito com "as boas senhoras".[29]

Já no século XIV, o conceito de andarilhas noturnas começou a aparecer nos registros jurídicos. Os casos citados são os de duas mulheres julgadas em Milão, na Itália, durante 1384 e 1390. Em 30 de abril de 1384, Sibillia de Fraguliati confessou ter comparecido a encontros semanais organizados por uma misteriosa mulher conhecida apenas como Madame Oriente. Os encontros ocorriam todas as quintas-feiras à noite, e começavam com um ritual de reverência no qual Sibillia e as outras participantes inclinavam a cabeça e diziam: "Fique bem, Madame Oriente". Ela então respondia: "Bem-vindas, minhas filhas". Seis anos mais tarde, Pierina de Bripio também confessou ter comparecido aos encontros. A confissão dela continha muitas semelhanças às de Sibillia; porém, fornecia diversos detalhes novos, incluindo o fato de que os espíritos de pessoas enforcadas e decapitadas também participavam das reuniões. Madame Oriente e as seguidoras vagavam de casa em casa, comendo e bebendo. Além disso, a líder as ensinou o uso de várias ervas, como localizar objetos roubados ou perdidos, e como desfazer feitiços.[30] No entanto, talvez um dos atos mais impressionantes de magia da Madame Oriente ocorreu

---

28 AGRICOLA, Johannes. *Sybenhundertundfünfftzig Teutscher Sprichwörter*. Hagenau: n.p., 1534, n. 667. In: LECOUTEUX, Claude. *Phantom Armies of the Night*. Tradução de Jon E. Graham. Rochester, VT: Inner Traditions, 2011, p. 145-46.

29 LORRIS, Guillaume de; MEUN, Jean de. *The Romance of the Rose*. Tradução de Charles Dahlberg. Princeton, NJ: Princeton University Press, 1995, p. 305-6.

30 HATSIS. *The Witches' Ointment*, p. 34-36.

após ela e as seguidoras terem assassinado e se banqueteado de bois. Após isso, Oriente organizou os ossos de um boi massacrado debaixo de seu couro cru e, ao bater nele de leve com o pomo de uma varinha, miraculosamente, o animal era então trazido de volta à vida — embora tenha sido observado que, após a ressurreição, esses bois não eram mais capazes de trabalhar nos campos.[31]

O Sabá das Fadas

Assim como todas as culturas têm suas bruxas, também possuem suas fadas, e o folclore relativo a essas duas se sobrepôs de forma considerável. Seja devido aos poderes sobrenaturais similares, ou porque ambas foram vistas pelos cristãos como sendo agentes de Satanás, as bruxas e as fadas andaram de mãos dadas. Durante os julgamentos das bruxas, não era incomum que as crenças sobre fadas acabassem aparecendo nas confissões e em outros escritos. No livro *Daemonologie* (1597), o rei Jaime VI da Escócia descreveu seus encontros com acusadas de bruxaria sentenciadas à morte que continuaram expressando a crença de terem sido transportadas por fadas até uma colina oca, na qual elas se encontraram com a "Rainha das Fadas" e receberam uma pedra mágica com "virtudes variadas".[32] Na declaração de Jaime, é possível encontrar um dos atravessamentos-chave entre bruxas e fadas: as assembleias. Ambas as reuniões incluíam atos de diversão como banquetes e danças presididas por algum líder sobrenatural — as bruxas eram lideradas pelo Diabo, e as fadas por sua rainha. Porém, para além de apenas observar similaridades, às vezes as acusadas de bruxaria realmente confessavam terem comparecido ao que poderia ser referido como o *Sabá das Fadas*.

31 GINZBURG. *Ecstasies*, p. 93.
32 JAMES VI. *Daemonologie*. Edição de G. B. Harrison. Londres: John Lane, 1922–26, p. 75; reprodução eletrônica de John Bruno Hare. *Internet Sacred Text Archive*.

Relatos dos Sabás das Fadas foram bastante populares na Escócia, onde havia uma crença profundamente arraigada no *Belo Povo* ou nos *Bons Vizinhos*, eufemismos usados frequentemente para fadas no intuito de não ofendê-las. Alison Pearson, de Fife, confessou em 1588 ter "caçado e comungado com os bons vizinhos e a Rainha de Elfame". Pearson explicou a seus interrogadores que ela havia passado vários anos com as fadas, mas que não conseguia recordar com precisão quantos. Além disso, ela relatou como certa vez havia viajado com as fadas, testemunhando grande divertimento e alegria ao som de uma flauta, assim como vinho sendo bebido em cálices.[33] Isobel Gowdie, de Auldearn, na Escócia, confessou em 1662 que fora até Downie Hill e recebera carne de uma "Rainha das Fadas". Ela descreveu a rainha como estando vestida de modo elegante em roupas brancas e castanhas. E mencionou ainda um "Rei das Fadas", um homem de bela aparência, formoso e de face ampla.[34] Agnes Cairnes, de Kirkcudbright, na Escócia, confessou em 1659 ter viajado com as fadas e comparecido a um grande encontro em Beltane com "o povo não terreno" que falava com uma "voz sinistra". Nesse encontro, ela descreveu haver uma fogueira, assim como "dança e entretenimento".[35]

O Sabá das Fadas também esteve presente na Itália, em particular na Sicília, durante os séculos XVI e XVII. Foi nessa região que um folclore específico se desenvolveu em relação às *doñas de fuera*, ou as "senhoras lá de fora". Essas senhoras incluíam as fadas e as mulheres humanas que se associavam a elas. Em muitos aspectos, as mulheres-fada sicilianas se assemelhavam a bruxas estereotipadas, e o povo espanhol realmente intercalava os termos *brujas* e *doñas de fuera*. Em específico, dizia-se que as *doñas de fuera* se reuniam em grupos conhecidos como companhias, liderados pela *Reina de las Hadas*, ou Rainha das Fadas. Relatos de assembleias apresentavam diversas características similares as do Sabá das

---

33 PITCAIRN, Robert. *Ancient Criminal Trials in Scotland, vol. 1.* Edinburgh: Ballantyne and Co., 1833, p. 163.

34 Ibidem, p. 604.

35 "Agnes (Bigis) Cairnes (5/4/1659)". *Survey of Scottish Witchcraft Database.*

Bruxas. A título de exemplo, uma mulher anônima de Palermo, na Sicília, confessou em 1588 ter voado com uma multidão de mulheres em bodes até Benevento. Lá, havia um rei e uma rainha, o primeiro descrito como um jovem vermelho e a última, uma bela mulher. Ela explicou como lhe mandaram renunciar a Deus e a Nossa Senhora e que, caso ela passasse a idolatrá-los, eles a ajudariam, concedendo-lhe riqueza, beleza e homens para amá-la. Após realizar um juramento sobre um livro, ela jurou a eles seu corpo e sua alma. Depois disso, houve um banquete, seguido de intercurso sexual.[36]

A Caçada Selvagem

Outro trecho de folclore que diversos acadêmicos modernos citaram como um ponto possível de origem da narrativa do Sabá é a Caçada Selvagem. Ela pode ser definida de modo geral como uma cavalgada sinistra composta de fantasmas e outros espíritos, incluindo as almas dos vivos que haviam sido emendadas em suas bordas. Essas procissões do Outro Mundo eram noturnas e conduzidas por uma liderança divina ou semidivina tal como Diana, Herodias, Holda, Perchta, Odin/Wotan, Herla ou Herne. O historiador Carlo Ginzburg se referiu a essa caçada sobrenatural ao declarar que o núcleo folclórico do Sabá está no antigo tema dos vivos fazendo jornadas extáticas ao reino dos mortos.[37] No entanto, assim como ocorre com o próprio Sabá, a Caçada Selvagem nunca foi um conceito monolítico. Pelo contrário, o termo funciona mais como um guarda-chuva debaixo do qual um conjunto de histórias folclóricas foi colocado. De fato, parece ter sido

---

36 HENNINGSEN, Gustav. "'The Ladies from Outside': An Archaic Pattern of the Witches' Sabbath". *In:* ANKARLOO, Bengt; HENNINGSEN, Gustav (eds.). *Early Modern European Witchcraft.* Oxford: Claredon Press, 1990, p. 195-97.

37 GINZBURG. *Ecstasies*, p. 101.

o livro *Deutsche Mythologie* [Mitologia Alemã] de Jacob Grimm, publicado pela primeira vez em 1835, o responsável por reunir muitas dessas histórias e formar a imagem altamente codificada conforme descrita acima.[38]

Dito isso, Grimm se baseou em uma variedade de textos do início e do fim da era medieval, o que pode ter influenciado, direta ou indiretamente, a narrativa do Sabá. Em particular, ele se valeu do folclore relativo a dois tipos de procissões noturnas e as entreteceu em um construto novo e unificado. O primeiro é um que já discutimos, as andarilhas noturnas que eram com frequência lideradas por um espírito feminino tal como Diana, Abundia ou Satia. O segundo tipo de procissão era o que consistia de espíritos, a saber, os das pessoas que haviam cometido pecados repugnantes durante a vida ou haviam morrido de forma prematura. Narrativas relacionadas a esses bandos errantes de espíritos cresceram em popularidade a partir do século XI, em particular como resposta a uma história contada pelo monge anglo-saxão Ordericus Vitalis. De acordo com Vitalis, ele havia sido abordado por um padre que descrevera como, na noite de Ano-Novo de 1091 (ou 1092 em algumas traduções), ele testemunhara uma longa e barulhenta procissão de fantasmas. Esses espíritos estavam todos sendo atormentados de formas que combinavam com os pecados cometidos por eles em vida. O padre observou que apenas missas e orações oferecidas pelos vivos poderiam reduzir o sofrimento deles e, por fim, os libertariam. Ele concluiu a história explicando que havia reconhecido tal procissão como *familia Herlechini*, nome para o qual ele infelizmente não ofereceu mais detalhes.[39]

Ao final do século XII, o conceito de um bando de espíritos viajantes, atormentados por seus pecados e em busca de penitência, havia se tornado um tropo literário comum em toda a Inglaterra, França e Renânia. Esses grupos espectrais eram conhecidos por nomes variados, tais como

---

38 GRIMM, Jacob. *Teutonic Mythology vol. 3*. Tradução de James Steven Stallybrass. Londres: George Bell & Sons, 1883, p. 918-50.

39 VITALIS, Ordericus. *The Ecclesiastical History of England and Normandy vol. 2*. Tradução de Thomas Forester. Londres: H. G. Bohn, 1854, p. 511-20.

Exército ou Séquito de Herlewin, Hellequin ou Herla.[40] Adentrando o século XIII, ideias e crenças relacionadas à tropa de espíritos se espalharam ainda mais na Alemanha, onde se enraizaram e continuaram a evoluir. Lá, se tornaram conhecidos como *das wütende Heer*, ou o "Exército Furioso". Embora essas histórias tenham adquirido aparência similar a nossas imagens da Caçada, ainda lhes faltava um líder distinguível. No entanto, isso mudou no século XVI, quando o teólogo protestante Johannes Agricola explicou como a tropa era precedida pelo velho Loyal Eckhart. Esse homem andava por aí comandando pessoas a regressarem, sugerindo que alguns retornassem a suas casas se desejassem evitar infortúnios. Um século antes, em 1497, o italiano Zuanne della Piatte testemunhou ter visitado o Monte de Vênus, onde conheceu Eckhart junto a Dame Herodias.[41] Dame Herodias, espírito feminino de origem bíblica, havia sido incluída antes na versão de Burcardo do *canon Episcopi* junto de Diana, a líder de uma procissão noturna de mulheres.[42]

Assim, a situação retornou ao início, de volta à noção das andarilhas noturnas sendo lideradas por um espírito feminino. Há alguns indícios de que essas procissões por fim se misturaram com as histórias do Exército Furioso, como no caso de uma mulher no século XVI, em Bern, na Alemanha, que foi exilada após confessar ter cavalgado com *Frow Selden* no *wüttisheer* (o Exército Furioso).[43] Com certeza, as duas foram fundidas na escrita de Grimm sobre a Caçada Selvagem. Contudo, é difícil determinar em que medida o Exército Furioso teve influência no desenvolvimento da

---

40 HUTTON. *The Witch*, p. 128-30.

41 LECOUTEUX, Claude. *Phantom Armies of the Night*. Tradução de Jon E. Graham. Rochester: Inner Traditions, 2011, p. 145-46.

42 GINZBURG, Carlo. *The Night Battles: Witchcraft and Agrarian Cults in the Sixteenth and Seventeenth Centuries*. Tradução de John Tedeschi e Anne C. Tedeschi. Baltimore, MD: John Hopkins University Press, 2013, p. 90; WORMS, Burcardo de. *Decretorum Liber Decimus. In: Patrologiae cursus completus…, vol. 140*. Paris: Jacques-Paul Migne, 1880, p. 425.

43 MOTZ, Lotte. "The Winter Goddess: Percht, Holda, and Related Figures". *Folklore* 95, n. 2, 1984, p. 154.

narrativa sobre o Sabá das Bruxas. Por outro lado, é perceptível o impacto direto das procissões de andarilhas noturnas. Como já foi visto, traços das histórias sobre essas mulheres, tais como as encapsuladas no *canon Episcopi*, podem ser encontrados em conceitualizações antigas do Sabá. Há até um raro caso no qual uma menção direta a uma procissão dessas acabou surgindo em uma confissão durante um julgamento. Na ocasião, um acusado de bruxaria de Hesse, na Alemanha, admitiu em 1630 que havia sido membro do séquito de Dame Holle. Ele detalhou como a seguira no dia de Ano-Novo até a montanha conhecida como Venusberg.[44]

O Concílio de Basileia

Pouco antes de sua morte em fevereiro de 1431, o papa Martinho V convocou um concílio geral da Igreja Católica Romana a ser conduzido em Basileia, na Suíça, que foi mais tarde confirmado por seu sucessor, o papa Eugênio IV. O propósito primário desse encontro foi enfrentar o enfraquecimento do papado causado pelo Grande Cisma — período durante o qual houve dois papas rivais. Contudo, ele também foi realizado para lidar com preocupações relativas a um grupo herege, os hussitas, seguidores do reformador religioso Jan Hus, o qual havia rompido com a tradição do catolicismo romano ao usar liturgia tcheca e administrar a Santa Comunhão aos leigos em ambas as formas (ou seja, pão e vinho, em vez de apenas pão). Embora não haja evidências sugerindo que a bruxaria tenha sido formalmente discutida durante o concílio, é quase certo que foi abordada de maneira informal entre os participantes. De fato, acredita-se que o Concílio de Basileia foi o epicentro para a disseminação de crenças relativas à bruxaria e à demonologia — em específico, as teorias relacionadas ao Sabá das Bruxas. Por quê? Porque muitos dos indivíduos que estiveram presentes no encontro acabariam escrevendo trabalhos influentes sobre o tema.

---

44 MOTZ. "The Winter Goddess: Percht, Holda, and Related Figures", p. 154.

Quatro textos em particular, escritos por participantes do concílio, se destacam entre os demais pelos efeitos substanciais que tiveram em ampliar a narrativa do Sabá, assim como por impactarem na perseguição crescente às suspeitas de bruxaria.

Formicarius, de Johannes Nider

Durante o período em que esteve no Concílio de Basileia, o teólogo alemão Johannes Nider coletou relatos sobre bruxaria que mais tarde citaria em *Formicarius* (A Colônia de Formigas, termo que remete a Provérbios 6:6, que afirma que colônias de formigas representam um modelo ideal de disciplina para os humanos). O texto foi escrito entre 1435 e 1438. O quinto livro do *Formicarius* incluía a confissão de um homem anônimo na qual ele descreve a cerimônia de iniciação em uma seita de bruxas. De acordo com ele, o ritual ocorreu em um domingo, em uma igreja, antes de a água benta ter sido consagrada. Durante o rito, ele foi obrigado a renunciar tanto a Cristo como a seu batismo, antes de beber um elixir feito de corpos fervidos de bebês não batizados.[45]

Errores gazariorum

Escrito de forma anônima em algum momento na década de 1430, o *Errores gazariorum* (Erros dos Cátaros, algumas vezes também referido como Erros dos Valdenses, ou das Bruxas) expandiu ainda mais a imagem diabólica da seita herética das bruxas e seus encontros noturnos. Apesar da autoria desconhecida, sabe-se que a pessoa trabalhava para o bispo Georges de Saluces, que participou do Concílio de Basileia. O tratado descreve como novos membros da seita recebiam um recipiente contendo unguento e eram instruídos em como ungir um bastão para voarem até a sinagoga. Ao chegarem, eles eram obrigados a fazer um juramento de fidelidade ao Diabo

---

45 NIDER, Johannes. "The Formicarius". *In*: KORS, Alan Charles; PETERS, Edward (eds.). *Witchcraft in Europe: 400–1700*. Filadélfia: University of Pennsylvania, 2001, p. 155-59.

antes de beijarem o traseiro dele como sinal de lealdade. Por fim, a seita daria início a um banquete, consumindo os corpos de crianças assassinadas, até que o Diabo apagasse as luzes e uma orgia se sucedesse.[46]

Le champion des dames, de Martin le Franc

Martin le Franc compareceu ao Concílio de Basileia, trabalhando como secretário do duque Amadeus VII. Mais tarde, em 1440, le Franc escreveu um longo poema intitulado *Le champion des dames* (O Defensor das Senhoras). O poema, cuja extensão é de 24.384 versos, gira em torno de dois personagens — o defensor e o adversário — que debatem sobre o caráter moral das mulheres. Em certo ponto da história, o adversário descreve mulheres voando em vassouras até a sinagoga, onde renegam a Cristo e beijam o traseiro do Diabo. Também relata que, nessa assembleia, eram dadas lições na arte da feitiçaria, assim como sobre banquetes, danças e intercursos sexuais.[47]

Flagellum haereticorum fascinariorum, de Nicolas Jacquier

Escrito em 1458 pelo inquisidor dominicano Nicholas Jacquier, o *Flagellum haereticorum fascinariorum* (Flagelo das Bruxas Hereges) discutia mais detalhes sobre a nova seita de bruxas hereges. Como outros no futuro, Jacquier era cético sobre o *canon Episcopi* e argumentou que as mulheres discutidas ali eram diferentes das bruxas que pertenciam à nova seita, alegando que elas estavam iludidas e que tais experiências não eram nada mais do que sonhos. Ele propunha que pessoas dormindo não teriam como tomar parte nos atos diabólicos do Sabá, citando o fato de que bruxas confessas relatavam que, após retornarem, seus corpos estavam exaustos. Em sua mente,

---

46 ANÔNIMO. "The Errores Gazariorum". *In*: KORS, Alan Charles; PETERS, Edward (eds.) *Witchcraft in Europe: 400–1700.* Filadélfia: University of Pennsylvania, 2001, p. 159-62.

47 LE FRANC, Martin. "The Defender of Ladies". *In*: KORS, Alan Charles; PETERS, Edward (eds.). *Witchcraft in Europe: 400–1700.* Filadélfia: University of Pennsylvania, 2001, p. 166-69.

essas reclamações somáticas não poderiam ter sido causadas por meros sonhos e, portanto, comprovavam que as bruxas compareciam na forma física nos sabás.[48]

— — — — —

Nesses vários trabalhos escritos, podemos ver os muitos fios díspares que se desenvolveram ao longo dos séculos se enredando até formar o estereótipo da bruxa e de suas convocações noturnas. No início do século XVI, a narrativa do sabá havia começado a ser introjetada nos crescentes julgamentos de bruxas. Durante eles, detalhes adicionais eram acrescentados ao conjunto de imagens já bastante vívidas do Sabá, criando relatos impressionantes de bruxas se encontrando com o Diabo e tomando parte em diferentes atos — tanto os odientos como os festivos. Mas, antes de mergulharmos nas fascinantes camadas dos relatos do Sabá colhidos na Europa e nas primeiras colônias norte-americanas, devemos concluir o traçado do desenvolvimento histórico da narrativa conforme ela progrediu em direção à era moderna.

O Sabá na Arte: *As Bruxas*, de Hans Baldung Grien

Assim que a imagem do Sabá das Bruxas ganhou contornos nos escritos das autoridades letradas ao final do século XV, ela também começou a aparecer em várias formas de arte. Uma obra de arte que pode ser interpretada como retratando um Sabá das Bruxas é a xilogravura do pintor e gravador alemão Hans Baldung Grien. Intitulada *As Bruxas*, a xilogravura foi concluída em Estrasburgo, em 1510. Embora não se saiba se Grien pretendia que a arte retratasse um sabá, a iconografia encontrada nela com certeza está alinhada à narrativa dos encontros noturnos das bruxas.

48 JACQUIER, Nicholas. "A Scourge for Heretical Witches". *In*: KORS, Alan Charles; PETERS, Edward (eds.). *Witchcraft in Europe: 400–1700*. Filadélfia: University of Pennsylvania, 2001, p. 169-72.

Contudo, o que torna o trabalho especialmente interessante é o fato de que, durante a época de sua criação, os julgamentos de bruxas na Alemanha eram incomuns, e textos que descreviam os encontros do Sabá ainda não haviam circulado tanto. Desse modo, parece que as imagens retratadas por Grien podem ter sido influenciadas pelo folclore pré-existente em vez dos ideais eclesiásticos.

A cena que se desenrola em *As Bruxas* é sinistra, alcançada por meio da proficiência de Grien com o *chiaroscuro* — técnica que utiliza luz e sombras para criar forte contraste.[49] Na xilogravura, vemos um grupo de bruxas reunidas em algum lugar desolado. A paisagem contém uma árvore antiga e entortada, um chão bagunçado com caveiras, vermes e garfos de cozinha. Três das bruxas, que parecem todas bastante abatidas e indisciplinadas, sentam-se em um círculo ao redor de um pote enfeitado — trazendo à memória as estriges mencionadas na *Lex salica*, reunidas juntas, à noite, para cozinharem bebês em caldeirões. Uma das mulheres na figura levanta a tampa do pote, libertando uma densa fumaça e lançando o que parecem ser pequenos sapos no ar. Baseado na presença de colheres e garfos, presume-se que as bruxas estejam em meio ao processo de cozinharem algo. Uma quarta bruxa está em pé atrás das outras três, levemente obscurecida, mas olhando em direção ao céu noturno, onde outra bruxa voa montada de costas em um bode. Ela segura um longo garfo de cozinha, o qual retém um pote similar ao que está no chão abaixo. Por fim, no canto superior esquerdo, quase perdida dentro das plumas densas de fumaça, há uma sexta bruxa, que voa sem suporte. As bruxas voando nos fazem lembrar ainda mais das folclóricas andarilhas noturnas, tais como as descritas no *canon Episcopi* e no *Decretum* de Burcardo.

É tentador, de uma perspectiva moderna, interpretar essas bruxas como um coven que se reuniu em um Sabá. O propósito do encontro aparenta ser a criação do unguento de voo — sugerido pela presença de potes,

---

49 A reprodução digital de *As Bruxas* pode ser vista no site do Museu Metropolitano de Arte e no site do British Museum.

ferramentas de cozinha e variados ingredientes macabros. No entanto, jamais saberemos se esse foi realmente o significado pretendido por Grien com a xilogravura. O pintor produziu seu trabalho artístico durante uma época de interesse crescente na literatura clássica da Grécia e de Roma, as quais continham diversas personagens similares à bruxa. Assim, embora seja dos mitos do mundo clássico que Grien tirou sua inspiração, há um aspecto em particular no *As Bruxas* que desvia do folclore típico. Antes do estabelecimento da narrativa do Sabá e de sua circulação mais ampla, a crença frequente era de que as bruxas agiam de forma independente em seus trabalhos maléficos. Nesse sentido, chama a atenção a esquisitice da xilogravura de Grien mostrando uma reunião de seis mulheres, mais alinhada às crenças posteriores relacionadas aos séquitos de bruxas trabalhando juntas. Como tal, o trabalho reflete o mesmo ponto de virada que estava ocorrendo na mente das autoridades letradas em relação à natureza das bruxas. Seja qual tenha sido a inspiração de Grien, e para além de suas intenções, a visão dele sobre as bruxas influenciaria as criadas por outros artistas, assim como as conjuradas dali em diante no imaginário popular.

CAPÍTULO 2

O Reavivamento do Sabá

A convicção na realidade da bruxaria, e por consequência no Sabá em si, declinou bastante no início do Iluminismo (1715–1789). Foi durante esse período que as pessoas começaram a rejeitar crenças supersticiosas anteriores em favor da racionalização intelectual e científica. Com essa mudança de perspectiva, as pessoas que haviam sido acusadas e condenadas por bruxaria em séculos anteriores agora eram vistas como vítimas inocentes, e não como perpetradoras do mal. As leis relativas à bruxaria e à magia também foram alteradas, refletindo ainda mais o declínio de tais crenças. Na Grã-Bretanha em específico, antigas leis foram substituídas por uma nova, em 1735, sob a qual a suposta prática de bruxaria não era mais considerada um crime capital. Em vez disso, a Lei da Bruxaria de 1735 enfocava a punição, por meio de multas e restrição de liberdade, das pessoas que afirmassem ter poderes mágicos — não por elas serem consideradas ameaças sobrenaturais legítimas, e sim por serem vistas como vigaristas. Contudo, apesar da expansão intelectual alcançada durante o Iluminismo, os mitos relativos às bruxas e aos seus sabás noturnos jamais desapareceram. De fato, seria apenas uma questão de tempo até o conceito do sabá ser reavivado por meio do trabalho de vários acadêmicos, artistas e ocultistas. E, conforme o sabá reemergia na era moderna e chegava até a prática atual da bruxaria, ele acabaria existindo de formas, ao mesmo tempo, divergentes e consistentes com o folclore pré-estabelecido.

O Culto das Bruxas

Como já mencionado, o consenso crescente durante o Iluminismo foi que as pessoas perseguidas durante os julgamentos de bruxas tinham sido, na verdade, inocentes dos supostos crimes. Elas não eram bruxas, e sim espectadoras inocentes, infelizes vítimas de histeria em massa. No entanto, uma teoria alternativa emergiu lentamente entre certos acadêmicos, sugerindo que as acusadas podem não ter sido tão desprovidas assim de culpa. Referida hoje como a *Hipótese do Culto das Bruxas*, essa teoria asseverava que as acusadas de bruxaria tinham, na verdade, sido membros de um culto clandestino, o qual era, em si, ou uma continuação ou uma variação degenerada de uma antiga religião pagã. Para embasar tais alegações, os acadêmicos recorreram às transcrições dos julgamentos e, por consequência, ajudaram a preservar muito do folclore encontrado ali. Porém, embora a teoria certamente fornecesse uma versão bastante tentadora dos eventos históricos, ela foi por fim refutada. Hoje, a ideia mais aceita é a de que nunca houve uma religião secreta, mas difundida, de bruxas na Europa. Ainda assim, a despeito da falta de mérito histórico, a Hipótese do Culto das Bruxas acabaria tendo um inegável impacto no reavivamento da bruxaria moderna — época de renovado interesse na bruxaria, tendo início na metade do século XX. Durante esse período, o folclore que havia sido preservado com a teoria, incluindo aquele relacionado ao sabá, seria tomado e aplicado à prática moderna. Como tal, o Sabá das Bruxas encontraria vida nova entre praticantes contemporâneas.

Atualmente, quando você ouve falar da Hipótese do Culto das Bruxas, ela é atribuída com maior frequência à egiptóloga, arqueóloga, antropóloga, historiadora e folclorista Margaret Murray. Em 1921, Murray publicou o influente *The Witch-Cult in Western Europe* [O Culto das Bruxas na Europa Ocidental]. No livro, ela fornece o que se pode qualificar como a análise mais aprofundada da suposta religião europeia secreta das bruxas. Contudo, embora o trabalho de Murray tenha sido de grande influência na bruxaria moderna, a hipótese em si não se originou, de fato, com ela.

O *Reavivamento do Sabá* 55

Dada a quantidade de atenção, ou melhor, de críticas enfrentadas pela historiadora em relação à teoria, pode soar surpreendente descobrir que ela a herdou de diversos acadêmicos que a precederam.

A primeira iteração da Hipótese do Culto das Bruxas pode ser encontrada nos escritos de Girolamo Tartarotti, um abade italiano e escritor do tema da bruxaria. Em 1749, Tartarotti redigiu um texto intitulado *Del Congresso Notturno delle Lammie,* no qual ele tentou encontrar um meio-termo entre a superstição e o ceticismo em relação à bruxaria. Na obra, Tartarotti comentou, com bastante ousadia: "As bruxas da nossa era são derivadas das antigas, são a prole delas, as seguidoras de Diana, e Herodias, e seus crimes são a bruxaria, assim como foram no passado".[01] A afirmação foi extremamente controversa, pois, ao sugerir que a prática da bruxaria era resquício de um antigo paganismo, Tartarotti estava rompendo com a imagem da Igreja de as bruxas serem adoradoras do Diabo. Em resposta, a Igreja censurou Tartarotti, e ele acabou sendo forçado a emitir uma retratação em 1751 intitulada *Apologia del Congresso Notturno delle Lammie.* Apesar da retratação, as sementes das afirmações iniciais de Tartarotti se espalharam com rapidez, logo germinando na mente de outros indivíduos de pensamento similar.

Um século mais tarde, em 1828, o professor alemão Karl Ernst Jarcke expandiu sobre a germinante Hipótese do Culto às Bruxas. Jarcke havia sido incumbido de editar os registros do julgamento de uma bruxa alemã do século XVII para um jornal jurídico. Por motivos desconhecidos, o professor tomou a decisão de interpor seus próprios comentários em tais edições. Ao fazê-lo, propôs que a bruxaria do início da Idade Moderna havia sido uma permutação de uma religião pagã nativa da Alemanha. Ele prosseguiu explicando como o paganismo permanecera entre as pessoas comuns, mas que havia sido denunciado pelas classes altas como sendo satanismo. Em resposta, o campesinato se adaptou, tornando-se,

---

01 TARTAROTTI, Girolamo. *Del Congresso Notturno delle Lammie.* Veneza: Libraro e Stampatore, 1749, p. 165. Citado em: GRIMASSI, Raven. *Old World Witchcraft.* São Francisco: Weiser Books, 2011, p. 50-51.

de forma irônica, literais adoradores do Diabo. As ideias de Jarcke acabaram influenciando o historiador alemão Franz Josef Mone. Em 1839, Mone publicou o ensaio *Über das Hexenwesen* [Sobre a Bruxaria], no qual adotou e alterou as afirmações de Jarcke. Buscando defender a honra do passado de seu país, Mone propôs que a religião pré-cristã não era alemã em sua origem, mas uma importação estrangeira. Ele explicou que ela era uma degradação dos clássicos cultos misteriosos de Hécate e Dioniso, e havia sido introduzida por escravizados gregos. Alinhada com as iterações iniciais do folclore do sabá, a suposta religião enfocava a idolatria de um deus similar a um bode, orgias noturnas, feitiçaria e envenenamento. Expandindo sua defesa, Mone foi enfático ao observar que a doutrina havia sido odiada tanto por pagãos nativos alemães quanto pelos cristãos posteriores.[02]

Espalhando-se para fora da Alemanha, outra pessoa influente, cujas ideias contribuíram para o ressurgimento do Sabá das Bruxas, foi o historiador francês Jules Michelet. Em 1862, Michelet publicou o livro *La Sorcière* [A Feiticeira] — mais tarde publicado sob o título *Satanismo e Bruxaria* —, no qual ele afirmava que o Culto das Bruxas consistia em camponesas que se opunham ao catolicismo, sendo este uma prática da classe alta. Em uma reviravolta deveras simpática, ele acrescentou que as bruxas foram, em sua maioria, mulheres que haviam sido poderosas curandeiras. Elas idolatravam Pã, a quem a Igreja havia demonizado e transformado no Diabo cristão.[03] Após isso, em 1839, a sufragista norte-americana Matilda Joslyn Gage escreveu no livro *Woman, Church and State* [Mulher, Igreja e Estado] sobre como o mundo pré-histórico havia sido matriarcal, e as acusadas de bruxaria haviam sido sacerdotisas pagãs preservando a adoração à uma grande deusa.[04] Karl Pearson, professor inglês e historiador amador, ampliou a teoria de

02 HUTTON, Ronald. *Triumph of the Moon*. Oxford: Oxford University Press, 1999, p. 136.

03 MICHELET, Jules. *La Sorcière*. Tradução de Lionel James Trotter. Londres: Simpkin, Marshall, and Co., 1863. Ver em especial a introdução.

04 GAGE, Matilda Joslyn. *Woman, Church, and State*. Nova York: The Truth Seeker Company, 1893. Ver em especial o capítulo 5, "Witchcraft."

O Reavivamento do Sabá

Gage ao acrescentar que, durante a ascensão do cristianismo, o culto havia começado a substituir a deusa por uma divindade masculina. Foi essa divindade que os perseguidores cristãos acabaram desconstruindo como sendo o Diabo.[05] Por outro lado, o folclorista norte-americano Charles Godfrey Leland recontou a lenda de um culto de bruxas italianas no livro *Aradia: Or the Gospel of the Witches* [Aradia: O Evangelho das Bruxas] (1899). Nesse caso, o culto permaneceu centrado em torno da deusa Diana e de sua filha Aradia, que ensinava bruxaria ao campesinato para que eles pudessem punir os opressores. De acordo com a lenda, Aradia instruía seus seguidores a encontrá-la uma vez ao mês na noite da lua cheia. Consistente com o folclore do sabá, Aradia então dizia:"Deverão fazer o jogo de Benevento, apagando as luzes, e depois disso realizarão sua ceia assim...".[06]

Portanto, na época em que Murray publicou seu livro, em 1921, várias teorias relacionadas ao Culto das Bruxas já haviam se espalhado entre os acadêmicos por quase dois séculos! Dito isso, das diferentes variantes da teoria, foi a versão de Murray que talvez tenha sido a mais coesa. Em seu núcleo, o Culto das Bruxas de Murray era uma religião da fertilidade cujas integrantes se reuniam em covens no intuito de idolatrar uma divindade masculina — ela observou que essa divindade havia tomado o lugar de uma divindade feminina mais antiga. A historiadora diferenciava entre o que ela chamava de *Bruxaria Operacional* e *Bruxaria Ritual*. A primeira incluía a elaboração de feitiços e encantos, enquanto a última envolvia as tradições e as crenças religiosas que formavam a base do Culto das Bruxas.[07] De acordo com Murray, existiram dois tipos diferentes de reuniões frequentadas pelos covens de bruxas, conhecidos como sabás e esbás. Rompendo com o folclore tradicional, ela forneceu uma vaga descrição do sabá como um tipo de assembleia geral para todas aquelas que pertenciam ao

---

05 HUTTON. *Triumph of the Moon*, p. 149-50.

06 LELAND, Charles Godfrey. *Aradia: Or the Gospel of the Witches*. Londres: Troy Books Publishing, 2018, p. 44-45.

07 MURRAY, Margaret A. *The Witch-Cult in Western Europe*. Nova York: Barnes and Noble, 1996, p. 11-12.

culto. Por sua vez, Murray atribuiu todos os elementos clássicos do Sabá das Bruxas aos encontros dos esbás, os quais ela afirmava serem para integrantes específicas que conduziam as várias cerimônias do culto.[08]

Como já referido, a Hipótese do Culto das Bruxas acabaria por fim sendo refutada por todos os historiadores. Mas parece que, mesmo desde o início, ela nunca foi levada muito a sério pelos acadêmicos. A maioria deles concordava que os julgamentos das bruxas haviam sido o resultado de delírio e histeria em massa, não a perseguição de uma religião pagã clandestina. Quaisquer afirmações em contrário foram descartadas com rapidez como disparates sensacionalistas, como o caso do livro *La Sorcière*, de Michelet, que foi recebido com frieza pelos críticos literários franceses, os quais o haviam reconhecido como sendo historicamente não confiável.[09] Na verdade, até antes do século XX, a Hipótese do Culto das Bruxas não havia atraído muita atenção. Essa mudança foi provocada pela publicação do *The Witch-Cult in Western Europe*. Assim, o livro se tornou um para-raios instantâneo para críticas relacionadas à hipótese. Dentre seus críticos iniciais estava o historiador George L. Burr, que apontou o hábito de Murray de pressupor de maneira equivocada que as confissões refletiam com precisão as experiências genuínas das suspeitas de bruxaria. Além disso, ele acusou a historiadora de ser seletiva no uso de evidências para embasar seu argumento, normalizando ocorrências sobrenaturais nos registros dos julgamentos ou omitindo-as com o objetivo de elaborar uma imagem menos fantástica das bruxas.[10] A despeito da validade dessas críticas, é difícil ignorar as sugestões de misoginia contidas nas vozes dos predominantemente masculinos depreciadores de Murray. Ainda mais sal é jogado na ferida quando consideramos o fato de que os primeiros proponentes da Hipótese do Culto das Bruxas — que parecem ter escapado da maior parte da difamação acadêmica

---

08 MURRAY. *The Witch-Cult in Western Europe*, p. 97-123.

09 HUTTON. *Triumph of the Moon*, p. 140.

10 BURR, George L. "Review of Margaret Murray's The Witch-Cult in Western Europe". *The American Historical Review* 27, n. 4, 1922, p. 780-83.

O *Reavivamento do Sabá* 59

— foram quase todos homens. Porém, embora o trabalho de Murray tenha sido recebido com extremo ceticismo no meio acadêmico, a Hipótese do Culto das Bruxas acabaria encontrando lugar na mente de outras pessoas.

Wicca, Neopaganismo e a Roda do Ano

Uma pessoa que levou o trabalho de Murray muito a sério foi o funcionário público aposentado Gerald Brosseau Gardner. Em 1951, a já mencionada Lei da Bruxaria de 1735 foi por fim repelida, e foi eficaz em descriminalizar a bruxaria. Foi no mesmo ano que Gerald Gardner se declarou publicamente como um praticante da bruxaria. De acordo com suas declarações, Gardner havia sido iniciado em um coven de bruxas sobrevivente durante o final da década de 1930. O coven, que estivera em atividade na área de New Forest, na Inglaterra, foi presumido como sendo vinculado ao próprio culto sobre o qual Murray havia dissertado. Diziam que Gardner recebera fragmentos de materiais rituais das bruxas do coven de New Forest, que representavam resquícios de práticas pertencentes ao Culto das Bruxas, os quais ele, por sua vez, utilizou para criar a fundação do que é conhecido hoje como *Wicca*. E foi no contexto da religião Wicca que o conceito do Sabá das Bruxas cresceria e se tornaria uma das mais populares encarnações modernas, a *Roda do Ano* — um conjunto de oito festivais rituais sazonais.

Em vida, Gardner escreveu diversos livros, incluindo dois textos de não ficção sobre bruxaria e suas experiências enquanto praticante. No primeiro desses livros, *Witchcraft Today* [A Bruxaria Hoje] (1954), Gardner escreveu: "Penso que é bastante conhecido que as bruxas observavam quatro grandes festivais: a véspera de Maio, a véspera de Agosto, a véspera de Novembro (Halloween) e a véspera de Fevereiro. Eles parecem corresponder às divisões do antigo ano gaélico pelos quatro festivais do fogo de Samhaim ou Samhuin (1º de novembro), Brigid (1º de fevereiro), Bealteine ou Beltene (1º de maio) e Lughnasadh (1º de agosto)".[11] Em

---

11 GARDNER, Gerald. *Witchcraft Today*. Nova York: Citadel Press, 2004, p. 130.

seu segundo livro, *The Meaning of Witchcraft* [O Significado da Bruxaria] (1959), Gardner referiu-se aos quatro festivais como Missa das Velas, Véspera de Maio, Lammas e Halloween, acrescentando que "os equinócios e solstícios são celebrados também, criando assim oito ocasiões rituais, conforme as bruxas se referem a eles". Alinhado com as duas classificações de encontros de bruxas apontadas por Murray, Gardner distinguia os sabats (ele parecia preferir a ortografia francesa de sabá), de encontros menores conhecidos como esbás. Ele menciona que "por tradição, o esbá é o encontro do coven local para questões locais, ou apenas para diversão, e é, ou deveria ser, conduzido na lua cheia ou perto dela".[12]

Os solstícios e equinócios eram celebrados com os outros sabats; contudo, eram considerados festivais "menores". Eles eram conduzidos na lua cheia mais próxima, em vez da data real. Contudo, em 1958, um coven em Hertfordshire escreveu para Gardner e solicitou que isso fosse alterado, e que fosse atribuída aos solstícios e equinócios a mesma importância dos outros quatro sabats. Gardner concordou em reverter as celebrações de volta às suas verdadeiras datas conforme a astronomia. Assim, a Roda do Ano, consistindo em oito festivais de sabat, foi criada. Esse conceito continuaria a evoluir ao longo dos anos e, em 1971, Raymond Buckland, Alto Sacerdote da Wicca, popularizaria os nomes específicos e a ortografia dos quatro grandes sabats como sendo Samhain, Imbolc, Beltane e Lughnasadh através do livro *Witchcraft from the Inside* [Bruxaria Interior].[13] Enquanto isso, os solstícios e equinócios receberiam cada um seu próprio nome por cortesia do bruxo norte-americano Aidan Kelly, que escolheu os nomes Mabon (equinócio de outono), Litha (solstício de verão) e Ostara (equinócio da primavera) — o solstício de inverno já havia sido referido

---

12 GARDNER, Gerald. *The Meaning of Witchcraft.*
York Beach, ME: Weiser, 2004, p. 10.

13 BUCKLAND, Raymond. *Witchcraft from the Inside.*
St. Paul, MN: Llewellyn Publications, 1995, p. 142.

como Yule.[14] Atualmente, a Roda do Ano é reconhecida e celebrada por mais pessoas do que as que se identificam como wiccanas, incluindo outros grupos neopagãos e até mesmo algumas bruxas tradicionais.

Cada um dos sabats da Wicca marca uma mudança nos fluxos sazonais, celebrando os ritmos alternantes do mundo natural. Além disso, esses festivais seguem a narrativa cíclica relacionada à Deusa e ao Deus da Wicca, que é espelhada nas energias crescente e minguante do sol ao longo do ano. Praticantes da Wicca Moderna comemoram os ciclos sazonais e a narrativa da divindade correspondente por meio de vários rituais. Embora as interpretações variem, em geral, a Roda do Ano moderna e cada um dos sabats associados a ela são os seguintes:

Yule, por volta de 21 de dezembro (Roda Norte), ou por volta de 21 de junho (Roda Sul)

O Yule, ou solstício de inverno, é a mais longa noite do ano. Como tal, é um período de introspecção profunda, quando muitas bruxas confrontam as sombras metafóricas tanto externas como internas. O trabalho ritual durante essa época do ano envolve banimento e proteção. Mas é também um período de celebração, pois a noite mais escura marca a mudança em direção ao prolongamento da luz solar nos dias vindouros. Nas imagens clássicas da Wicca, é no Yule que a Grande Deusa dá à luz o Deus Cornífero, trazendo a energia solar e masculina de volta ao mundo.

Imbolc, 1º de fevereiro (Roda Norte), ou 1º de agosto (Roda Sul)

Imbolc (pronuncia-se Ânbolque) é o meio-termo entre o fluxo do inverno e o da primavera. Muitas bruxas celebram o Imbolc como uma época de limpeza e purificação. Lares e altares são higienizados em preparação para a chegada da primavera, e rituais são executados para encorajar o retorno completo do sol. Imbolc tem associações com a deusa Brigid, que era celebrada

---

14 MANKEY, Jason. *Witch's Wheel of the Year*. Woodbury, MN: Llewellyn Publications, 2019, p. 32-33.

por volta desse período pelos antigos celtas. No mundo natural, essa também costuma ser a época do ano na qual muitos animais, em particular as ovelhas, começam a dar à luz e a lactação se inicia. Nas imagens clássicas da Wicca, o Imbolc é quando a Grande Deusa se recupera após dar à luz o Deus Cornífero e começa a alimentá-lo.

Ostara, por volta de 21 de março (Roda Norte), ou por volta de 21 de setembro (Roda Sul)

Caindo no equinócio da primavera, Ostara (pronuncia-se *Oustara*) é uma época de luz e escuridão equivalentes. Conforme as horas de luz do dia continuam a aumentar, este é também o primeiro dia astronômico do fluxo da primavera. As bruxas celebram este sabat plantando sementes e estabelecendo objetivos para a metade mais iluminada do ano. E ainda podem realizar rituais de limpeza em esforços contínuos para libertar quaisquer energias estagnadas que tenham permanecido do fluxo de inverno. Nas imagens clássicas da Wicca, a germinação da terra simboliza o Deus Cornífero brotando em uma juventude vivaz.

Beltane, 1º de maio (Roda Norte), ou 31 de outubro (Roda Sul)

Beltane (pronuncia-se *Bélteine*) é o auge da energia do fluxo da primavera, quando o sol recuperou quase toda a força no céu. Como um último afastamento da escuridão do inverno, os celtas irlandeses passavam esse dia construindo duas fogueiras e conduzindo o gado entre elas — purificando o rebanho com eficácia, protegendo-o de doenças no ano vindouro. Além disso, com o mundo natural explodindo em flores e as tradições inglesas estabelecidas mais adiante para o início de maio, o ar nesse período está carregado de certo romance. Bruxas modernas marcam esse sabat queimando grandes fogueiras, dançando ao redor de mastros enfeitados e celebrando o amor de variadas formas. Nas imagens clássicas da Wicca, Beltane é quando o Deus Cornífero, agora adulto, se une à Grande Deusa. Desta união, a Deusa engravida, sendo o bebê a reencarnação do Deus Cornífero, que nascerá outra vez no Yule, reiniciando assim o ciclo da Roda do Ano.

Litha, por volta de 21 de junho (Roda Norte), ou 21 de dezembro (Roda Sul)

Estando em oposição ao Yule na Roda do Ano, Litha (pronuncia-se *Lifa*) é o mais longo dia do ano. Trata-se do primeiro dia do fluxo do verão segundo a astronomia, e é uma época de celebração solar. É um período no qual o Belo Povo está particularmente ativo — uma associação popularizada pela amada peça *Sonho de uma Noite de Verão*, de William Shakespeare. No entanto, embora o poder brilhante do sol esteja em seu zênite, as horas de luz do dia começam a decair dali em diante. Em razão disso, as celebrações do Litha têm um sabor agridoce, pois as bruxas são lembradas da efemeridade do calor do fluxo de verão. Nas imagens clássicas da Wicca, a decadente presença diária do sol é espelhada no poder do Deus Cornífero, que começa a enfraquecer.

Lughnasadh, 1º de agosto (Roda Norte), ou 2 de fevereiro (Roda Sul)

É comum o Lughnasadh (pronuncia-se *Lunasó*) ser pensado como sendo o primeiro dos três festivais da colheita na Roda do Ano, seguido por Mabon e Samhain. A associação com a colheita vem das origens celtas desse sabat, em razão de ele ser, historicamente, na época de colher cereais em grão. Além disso, o Lughnasadh é fundido com a celebração cristã do Lammas, ou Missa do Pão, que também comemora a safra de grãos. Hoje, muitas bruxas executam rituais em torno da colheita, tanto as literais como as metafóricas, tais como objetivos alcançados e desejos tornados manifestos. Também é comum as bruxas passarem esse dia cozinhando pães, muitas vezes no formato de um homem que personifica a colheita. Nas imagens clássicas da Wicca, o início da estação da colheita está atrelado ao Deus Cornífero que, com a força em declínio, começa a se sacrificar para fornecer abundância às pessoas.

Mabon, 21 de setembro (Roda Norte), ou por volta de 21 de março (Roda Sul)

Trata-se do segundo festival da colheita na Roda do Ano, o Mabon (pronuncia-se *meibon*) diz respeito à colheita de frutas, tais como maçãs e uvas. Embora o Lughnasadh e o Samhain sejam considerados festivais da colheita, o Alto Sacerdote da Wicca Jason Mankey destaca que o Mabon é considerado o festival da colheita.[15] Muitas bruxas celebram esse sabat agradecendo por todas as bênçãos recebidas durante os fluxos sazonais passados. Como o equinócio também traz horas iguais durante o dia e a noite, o Mabon traz ponderação e equilíbrio. Portanto, rituais podem ser executados para banir quaisquer elementos indesejáveis ou negativos da vida de alguém. Nas imagens clássicas da Wicca, o Deus Cornífero continua a diminuir seu poder e se prepara para o sacrifício final, o qual ocorrerá no Samhain.

Samhain, 31 de outubro (Roda Norte), ou 1º de maio (Roda Sul)

O Samhain (pronuncia-se *Sáuin*) é a terceira e última colheita. É uma época de morte e decadência, conforme as plantas apodrecem e animais são caçados para fornecer comida para o inverno. A noite do Samhain é considerada o momento no qual o véu entre este mundo e o próximo está mais fino. Portanto, é a única noite do ano em que se acredita que os espíritos dos mortos têm passagem fácil de volta ao reino dos vivos. Pagãs e bruxas modernas celebram esse sabat honrando ancestrais e outros mortos amados. O Samhain é também uma época comum para rituais de divinação, permitindo a alguém ter um vislumbre do que o futuro pode estar reservando. Seguindo as imagens clássicas da Wicca, essa também é a época em que o Deus Cornífero entra no monte tumular após sua morte, que ocorre durante essa última colheita.

---

15 MANKEY. *Witch's Wheel of the Year*, p. 293.

Um Reavivamento Alternativo do Sabá

Embora o Sabá das Bruxas tenha encontrado um novo fundamento por meio da Hipótese do Culto das Bruxas e, mais tarde, na religião Wicca, ele também se enraizou entre ocultistas a partir do final do século XIX. Mas, em vez de assumir a aparência de um conjunto de celebrações sazonais baseadas na fertilidade, o Sabá, conforme encontrado por esses escritores ocultistas, era visto como um meio de acessar correntes de poder primordial no intuito de iniciar transformações e alcançar gnose mística. As teorias e práticas desses ocultistas acabariam influenciando o modo pelo qual o Sabá é abordado por praticantes modernas da bruxaria tradicional. Os quatro mais preeminentes desses ocultistas foram Austin Osman Spare, Kenneth e Steffi Grant, e Andrew Chumbley — e cada um encontrou inspiração em seus predecessores e extrapolou a própria e peculiar visão sobre o Sabá das Bruxas.

Austin Osman Spare

Austin Osman Spare nasceu em Snow Hill, em Londres, em 1886; quando adulto, se tornou pintor e ocultista. A jornada dele no oculto começou quando ele era jovem, talvez brotando de uma experiência anterior que ele teve quando frequentava a St. Agnes School. De acordo com ele, foi durante essa época que ele conheceu uma velha leitora da sorte chamada sra. Patterson, "A Bruxa Patterson". Ela afirmava descender diretamente de uma longa linhagem de bruxas, que havia conseguido sobreviver à perseguição em Salem, Massachusetts. Por ser bruxa, a sra. Patterson era tida como possuidora do poder de predizer o futuro, conjurar imagens e alterar a própria aparência quando quisesse. Spare afirmava que a ela acabou "seduzindo-o" e iniciando-o como bruxo. Sendo essa história verdadeira ou não, ela se tornou parte central da mitologia pessoal do ocultista.

Enquanto frequentava a faculdade, o interesse dele no oculto foi ampliado por meio de leituras de escritores preeminentes no assunto, tais como Madame Blavatsky, Cornelius Agrippa e Éliphas Lévi. Em algum momento (possivelmente em 1908), Spare encontrou o famoso mago Aleister Crowley. Ele então se juntou ao grupo mágico de Crowley, o Astrum Argenteum (a Ordem da Estrela de Prata), em caráter probatório, em 1909. Contudo, ele nunca se tornou membro integral e passou a não gostar de Crowley, que, segundo rumores, teria feito avanços sexuais indesejados em direção ao ocultista.[16] Em 1913, Spare publicou o livro *The Book of Pleasure (Self-Love): The Psychology of Ecstasy* [O Livro do Prazer (Auto-Amor): A Psicologia do Êxtase], no qual explorou o tema do êxtase, o poder da mente inconsciente e o uso de sigilos. O uso de sigilos proposto por Spare, em específico seu próprio sistema conhecido como o *alfabeto do desejo*, tornou-se uma de suas marcas registradas mais duradouras. Ele acreditava que tais símbolos pudessem destravar os poderes do subconsciente, que poderiam então ser usados para atrair os próprios desejos. Dois outros temas centrais na teologia pessoal dele foram os conceitos de *Zos* e *Kia* (a tradição mágica de Spare acabaria sendo chamada mais tarde de Zos-Kia-Cultus). O primeiro se referia ao corpo humano e à mente mundana, enquanto o segundo representava um tipo de consciência universal. Por meio de vários métodos transcendentais, o Zos poderia ser unido ao Kia, o que produziria subsequentemente estados mais elevados de consciência.

As crenças e as ideias de Spare relacionadas ao Sabá das Bruxas se desenvolveram mais adiante em sua vida e divergiam daquelas esposadas por vozes eminentes do reavivamento da bruxaria moderna. Em agosto de 1954, Gerald Gardner enviou uma de suas Altas Sacerdotisas, Doreen Valiente, para questioná-lo a respeito de seus serviços mágicos enquanto artista talismânico. Uma carta escrita por Spare após o encontro com Valiente lança luz nas disparidades entre sua visão do Sabá e a de Gardner. Nela, e exemplificando a misoginia latente de Spare, ele descreveu Valiente, que havia usado o nome falso de Diana Walden, como uma "ninfa míope obsessiva". E prosseguiu apontando com desdém que "ela acreditava

---

16 BAKER, Phil. *Austin Osman Spare*. Berkeley, CA: North Atlantic Books, 2014, p. 59.

que o Sabá das Bruxas era um tipo de dança folclórica de jovenzinhas bonitas".[17] O ocultista foi formalmente apresentado a Gerald Gardner um mês mais tarde, e foi observado que os dois não se deram bem. Durante o encontro, os homens se engajaram em um debate caloroso sobre a verdadeira natureza do Sabá das Bruxas. Mais tarde, Spare escreveria que ele não acreditava que Gardner tivesse alguma vez conhecido uma bruxa de verdade ou comparecido a um sabá real.[18]

As crenças e ideias específicas de Spare a respeito do Sabá se refletiram em um dos seus manuscritos, *Zoëtic Grimoire of Zos* [Grimório Zoético do Zos], onde escreveu: "O Sabá é uma reversão-inversa para a autossedução; um desfazimento para uma conexão desviante: o sexo é usado como o meio e a técnica".[19] Em outras palavras, Spare via o Sabá das Bruxas como um ato mágico que acessava os poderes da energia sexual com a intenção de manifestar os desejos de alguém. As experiências dele com o Sabá foram descritas como oníricas e liminares. Para citar um caso, em uma história bastante dramática, Spare relatou como ele uma vez embarcou, tarde da noite, em um ônibus de dois andares lotado de mulheres, cada uma possuindo uma aura misteriosa. Essas mulheres pareciam ter um "interesse profundo, embora oblíquo... nele, como se o convidassem para alguma reunião secreta e profana".[20] Ele então chegou à conclusão de que elas todas eram bruxas a caminho de um encontro do Sabá — uma reviravolta deveras moderna! O ocultista descreveria essa experiência mais adiante como um momento de duas dimensões distintas colidindo. O conceito do Sabá como um lugar de poder sexual existindo em sonhos e de espaços liminares continuaria a se desenvolver dali em diante.

---

17 HESELTON, Philip. *Doreen Valiente: Witch*. Woodbury,
    MN: Llewellyn Publications, 2016, p. 89-90.

18 BAKER. *Austin Osman Spare*, p. 245-46.

19 SPARE, Austin Osman. "Zoëtic Grimoire of Zos". *In*: GRANT, Kenneth;
    GRANT, Steffi. *Zos Speaks!*. Londres: Fulger Limited, 1998, p. 219.

20 BAKER. *Austin Osman Spare*, p. 243.

Kenneth e Steffi Grant

As crenças de Spare a respeito do Sabá foram bastante influenciadas por sua amizade com o casal Kenneth e Steffi Grant. De modo similar a Spare, Kenneth — um mago cerimonial inglês — passou seus anos iniciais lendo os trabalhos de ocultistas preeminentes tais como Blavatsky. Em 1944, aos 20 anos, Kenneth conheceu Aleister Crowley, e logo iniciaram uma relação de trabalho. Ficou combinado que ele serviria como secretário de Crowley em troca de tutoria na magia. Então, em 1945, ele foi formalmente iniciado no Ordo Templi Orientis (OTO) e um ano mais tarde no Astrum Argenteum — ambos grupos ocultistas associados a Crowley. Ele acabaria recebendo uma licença para iniciar a própria loja, ou grupo, dentro do OTO, o qual ele nomeou como Loja Nova Ísis. A loja se tornou ativa em abril de 1955, mas Kenneth recebeu uma carta de expulsão apenas três meses depois, enviada por Karl Germer, sucessor de Crowley como chefe da OTO. Contudo, Grant não cessou as atividades da loja, a qual, por rebeldia, ele continuou a operar por mais sete anos.

Kenneth casou-se com Steffi em 1948, e foi ela quem conheceu Austin Osman Spare primeiro. Steffi havia lido um artigo sobre Spare na *The Leader* e, descobrindo-se fascinada por seu caráter, escreveu-lhe uma carta. Na primavera de 1949, ela visitou Spare na casa dele, onde foi exposta a diversos de seus trabalhos artísticos. Steffi ficou tão impressionada que logo comprou algumas obras para presentear Kenneth no aniversário dele. Mais tarde, ela apresentaria Spare a Kenneth. Dali, o casal formou um vínculo próximo com o ocultista e ajudou a inspirar o trabalho dele. De fato, foi Kenneth quem deu a Spare seu nome mágico, Zos vel Thanatos. Encorajado pelos Grant, ele produziu uma variedade de manuscritos, incluindo o já mencionado *Zoëtic Grimoire of Zos*.

A visão de Kenneth sobre o Sabá das Bruxas era similar à de Spare, embora mais desenvolvida, ao menos na escrita. Suas ideias em relação ao Sabá estão mais bem registradas em um dos manuscritos dele com Steffi — conhecidos coletivamente como as *Monografias de Carfax* — intitulado *Vinum Sabbati* (1961). Nesse documento, Grant escreveu que "a maioria dos simbolismos sabáticos medievais faz referência ao plano astral, onde as transformações descritas com tamanha frequência na literatura da bruxaria eram realizadas".[21] As transformações ocorriam por meio da *ressurgência atávica* — conceito anteriormente empregado por Spare no qual alguém segue um caminho psicomágico, retrocedendo nas profundezas do tempo, efetivamente se mesclando com a consciência universal. Abordando as teorias antigas de que o Sabá era uma inversão da religião cristã, Grant explicou como o processo mágico da ressurgência atávica foi espelhado no simbolismo reverso comum em descrições das reuniões de bruxas. Isso inclui orações cantadas de trás para a frente e danças executadas no sentido anti-horário. Ele desenvolveu o argumento de que tais símbolos "são todos instâncias de reversão e simbolizam a Vontade e o Desejo voltando-se para dentro e para baixo, para regiões subconscientes, para o passado remoto, estando lá para surpreender a energia ou o atavismo necessário para os propósitos de transformação, cura, iniciação, construção ou destruição".[22]

Andrew Chumbley

Continuando de onde Spare e os Grant pararam, está o trabalho do mago inglês Andrew Chumbley, o derradeiro fundador da tradição conhecida como *Ofício Sabático*. Não se sabe muito a respeito de Chumbley, pois ele era uma pessoa extremamente discreta e revelava pouca informação pessoal ao público. Nasceu em 15 de setembro de 1967 e cresceu em Writtle — vila inglesa próxima de Chelmsford, em Essex. Ele parece ter tido um relacionamento próximo com os pais, e permaneceu vivendo na casa deles até os 33 anos. Chumbley sofreu bullying na juventude em razão de um eczema severo, e há registros de que ele começou as experimentações com magia para se vingar de seus algozes. Ainda na adolescência, Chumbley começou a trabalhar em seu primeiro livro, que viria a se tornar sua maior obra,

---

21 GRANT, Kenneth; GRANT, Steffi. *Hidden Lore: The Carfax Monographs*. Londres: Skoob Books Publishing, 1989, p. 24.

22 GRANT; GRANT. *Hidden Lore: The Carfax Monographs*, p. 24-26.

Azoëtia: The Grimoire of the Sabbatic Craft [Azoëtia: O Grimório do Ofício Sabático]. O livro, que continha crenças e práticas da tradição emergente de Chumbley, foi concluído e publicado em 1992. Dizem que Chumbley se inspirou em Austin Osman Spare e que, durante a década de 1990, ele conduziu uma loja de magia que tinha afiliações com o grupo OTO Tifoniana, de Kenneth Grant. Além disso, a tradição de Chumbley foi bastante influenciada por outros sistemas mágicos, incluindo o sufismo, o tantra da mão esquerda, thelema, vodum, yazidismo, gnosticismo e magia árabe, assim como as mitologias asteca, suméria e egípcia.

O Ofício Sabático, conforme Chumbley o descreve, "é um nome para uma fé sem nome. É um termo usado para descrever uma tradição em andamento de sabedoria feiticeira, um caminho iniciático que progride de uma visão imediata e de uma sucessão histórica. Em um sentido histórico, o Ofício Sabático é, em regra, colocado contra o pano de fundo tanto da magia rural folclórica, o assim chamado Ofício Ardiloso, e a prática instruída da alta magia ritual europeia".[23] A fundação do Ofício Sabático foi construída sobre o que Chumbley se referiu como a *feitiçaria transcendental*, ou a combinação sincrética da execução de feitiços práticos a uma busca mística pela gnose. Ele acabaria formando seu próprio grupo de trabalho baseado em torno da tradição do Ofício Sabático. O grupo, o qual está em operação ainda hoje, é conhecido como o *Cultus Sabbati* e é iniciatório em natureza, o que significa que a filiação só pode ser obtida por meio de um ritual iniciático. Além disso, a filiação acontece apenas por convites baseados na observação do grupo a sinais e presságios. Qualquer um cuja entrada for permitida no Cultus é primeiro trazido até a corte externa do grupo, a Companhia da Cruz Serpentina. Dali, o indivíduo pode vir a ser considerado apto para se juntar à corte interna.

---

23 CHUMBLEY, Andrew. "Cultus Sabbati: Provenance, Dream, and Magistry". *In*: SCHULKE, Daniel A. (ed.). *Opuscula Magica, vol. 2*. Richmond Vista, CA: Three Hands Press, 2011, p. 97.

O Cultus Sabbati é dirigido por um líder, o Magister. Outras posições na hierarquia incluem Ancião, Donzela, Sacerdote, Sacerdotisa, Invocador, Vidente, Verdelete, Cronista e Protetor.

No centro da tradição de Chumbley estão as imagens do Sabá das Bruxas, o qual ele descreveu como "uma convocação astral ou onírica das almas e das contrapartes animais dos ritualistas mágicos, e uma vasta gama de espíritos, fadas e seres do Outro Mundo". O Sabá é visto como existindo nos "cruzamentos do sono, da vigília e do sonho mundano".[24] Portanto, uma prática central dentro do Ofício Sabático é a indução proposital a estados oníricos que permitam ao praticante acesso ao Sabá e à subsequente gnose — que é interpretada da mesma maneira que alguém interpretaria sonhos mundanos. De acordo com Chumbley, quando abordada por meio da prática do sonho, é possível que as imagens do Sabá "forneçam novas sabedorias e sirvam como símbolos inteiramente apropriados para os ensinamentos de voo onírico, transformação atávica, conhecimento de ervas, divinação, ritualização, dupla observância, adoração ao espírito e assim por diante".[25] Em outras palavras, envolver-se com o Sabá fornece não apenas gnose mística e estados elevados de compreensão espiritual, mas também lições sobre as próprias práticas fundadoras que compõem a arte da bruxaria.

24 CHUMBLEY. "Cultus Sabbati: Provenance, Dream, and Magistry", p. 98.
25 Ibidem, p. 100.

O Sabá na Bruxaria Tradicional

Assim como o conceito do Sabá das Bruxas foi reinterpretado e tecido no pano da religião Wicca moderna, também se tornou uma característica central dentro da bruxaria tradicional. Contudo, embora o Sabá tenha se tornado um conjunto de festivais sazonais para as praticantes da Wicca, para bruxas tradicionais permanece uma reunião de espíritos no Outro Mundo. Muito da inspiração subjacente a esta segunda interpretação moderna do Sabá vem dos trabalhos de Spare, dos Grant e de Chumbley. Como tal, as bruxas tradicionais o reconhecem como uma experiência liminar e onírica, similar a como ela foi descrita por Spare. Além disso, assim como as explicações de Kenneth Grant sobre a ressurgência atávica, bruxas tradicionais veem o Sabá como um lugar de poder primordial, codificado dentro de certo simbolismo tal como o das imagens invertidas encontradas nele. Por fim, em alinhamento com as ideias de Chumbley, as bruxas tradicionais experimentam o Sabá como um lugar de transformação e gnose mística. É um lugar no qual a comunicação espiritual ocorre e atos profundos de magia podem ser lavrados. É claro, além do trabalho desses ocultistas, elas se inspiram no folclore relacionado ao Sabá, em particular o que vem dos registros dos julgamentos. Relatos folclóricos são cuidadosamente examinados pelas praticantes, na esperança de descobrir sabedorias secretas escondidas debaixo dessas imagens — que podem então ser extraídas e usadas na prática moderna.

Contudo, embora o conhecimento escrito possa fornecer percepções valiosas, é na experiência direta do Sabá das Bruxas e da corrente primitiva e atávica dele que o verdadeiro conhecimento e a compreensão desta lendária reunião podem ser obtidos. Mas, para visitar o Sabá, as bruxas tradicionais precisam primeiro se tornar versadas na arte do *voo do espírito* — processo pelo qual o espírito deixa o corpo físico e entra no Outro Mundo. Como já mencionado nos ensinamentos do Ofício Sabático, o Sabá é acessado apenas por meio do transe e dos estados oníricos nos quais o espírito pode ascender do corpo e ser enviado adiante até o Outro

Mundo. Portanto, na bruxaria tradicional, as praticantes potencializam seus poderes de liminaridade e aprendem a cruzar a cerca metafórica que separa nosso mundo terreno do espiritual. Uma vez que a pessoa atinge esse reino dos espíritos é que a sua jornada ao Sabá tem início, navegando por meio de paisagens espectrais, pairando através de céus sombrios assim como nossas antepassadas folclóricas fizeram há tanto tempo. Mas primeiro, como preparação para jornadas futuras ao Sabá, devemos olhar com atenção para o folclore relacionado à sua localização e temporalidade particular, assim como para os métodos específicos supostamente usados pelas bruxas com o objetivo de chegar lá.

CAPÍTULO 3

Viagens, Horários e Refúgios do Sabá

Desde o início dos julgamentos das bruxas na Europa (século XV), as fundações da narrativa do Sabá haviam se consolidado, e o conceito começou a se infiltrar na imaginação do público mais amplo. Foi durante essa época, conforme acusações eram feitas e julgamentos eram conduzidos, que mais detalhes específicos relacionados ao Sabá começaram a surgir, adicionando novas camadas à estrutura geral estabelecida anteriormente. Assim, novas e pitorescas histórias sobre bruxas e seus encontros noturnos foram geradas, ascendendo dos ossos de antigos mitos. Elas eram contadas por pessoas comuns, em especial aquelas que haviam sido acusadas de bruxaria por suas declarações confessionais, em vez das autoridades letradas que haviam originalmente propagado a narrativa. Nessas histórias, encontramos ideias e crenças sobre o Sabá que são lugar-comum, junto de outras que são altamente idiossincráticas — não apenas refletindo o período e a região específica nas quais foram feitas, como também a imaginação individual de quem as criou. E assim, conforme prosseguimos nossa análise do Sabá das Bruxas, devemos agora olhar em direção ao folclore específico que foi surgindo ao longo do tempo. Em particular, os detalhes relativos à localização, temporalidade e transporte ao território do Sabá.

Localização do Sabá

Dentre os relatos dos julgamentos e do folclore reunidos mais tarde, as diferentes localidades apontadas para o Sabá das Bruxas foram incrivelmente diversas e amplas. Assim, o mais comum era o Sabá ocorrer em algum lugar ao ar livre. Muitas vezes, as reuniões foram mantidas em locais selvagens ou desolados, onde as bruxas poderiam gozar de uma sensação segura de privacidade. Era longe de olhos bisbilhoteiros que elas conseguiam se empenhar em suas celebrações e rituais de feitiçaria sem medo de serem descobertas e punidas. Além disso, diversas dessas localidades ao ar livre tinham um aspecto liminar, existindo como uma espécie de local intermediário onde o mundo humano e o mundo espiritual colidiam. Nesse sentido, locais específicos podem ter sido escolhidos para o Sabá em razão da natureza sobrenatural, bem como por conta do isolamento.

Talvez dois dos destinos mais populares para o Sabá tenham sido as montanhas e as colinas, ambas as quais aparecem em inúmeras confissões dos julgamentos ocorridos em localidades geográficas distintas. Em regiões eslavas, tais como a Polônia e a Rússia, acreditava-se que as bruxas se encontravam no topo da *montanha calva* — termo usado de forma genérica para descrever diversas montanhas ou colinas diferentes sobre as quais pouca ou nenhuma vida vegetal crescia. Dizia-se que as bruxas polonesas se encontravam no topo da Łysa Gora (significando literalmente montanha calva), uma colina nas montanhas Świętokrzyskie. Acreditava-se que as bruxas do centro da França se reuniam no topo da cúpula de uma montanha de lava conhecida como Puy-de-Dôme. Uma francesa acusada, Jeanne Boisdeau, confessou em 1594 ter cavalgado em uma vassoura sobre o vento noturno até o pico da Puy-de-Dôme, onde ela se reuniu em um grande círculo com outras bruxas.[01] No folclore alemão, pressupunha-se que os Sabás ocorriam em Blocksberg (conhecido hoje como Brocken), o mais alto pico nas montanhas Harz.

---

01 PEPPER, Elizabeth; WILCOCK, John. *Magical and Mystical Sites: Europe and the British Isles*. Grand Rapids, MI: Phanes Press, 2000, p. 169.

Outras localidades ao ar livre populares para a realização do Sabá incluíam áreas abertas como prados e campinas. Suecas acusadas de bruxaria confessaram terem comparecido a Sabás em Blåkulla (grafia moderna), o qual foi descrito como sendo uma grande campina, cujos limites ninguém conseguia enxergar.[02] No lado espanhol da região basca, o Sabá era referido como o *akelarre* (*aquelarre* em espanhol castelhano), o que se traduz como prado (*larre*) do bode (*aker*) e, portanto, sugeria uma conexão a encontros nessas regiões tendo tradicionalmente ocorrido em extensas áreas gramíneas.[03] Na mesma toada, três acusadas de bruxaria de Guernsey — Collette Du Mont, Marie Becquet e Isabel Becquet — confessaram em 1617 que elas haviam se reunido com o Diabo em uma área aberta à beira-mar.[04] Enquanto isso, outras bruxas se reuniam em lugares com mais cobertura natural, tais como as do folclore italiano, que eram tidas como congregando sob os galhos de certa nogueira na cidade de Benevento.[05] Da mesma forma, Mary Green de Somerset, na Inglaterra, confessou em 1665 que ela e seu coven de bruxas se encontravam na floresta em um ponto conhecido como "Crista de Hussey".[06]

A despeito de uma aparente necessidade de privacidade, também existem relatos esquisitos de encontros do Sabá ocorrendo em lugares públicos, dentro de vilarejos, aldeias ou cidades locais. Nesses casos, é de se perguntar como, mesmo na calada da noite, bruxas se congregaram sem serem percebidas. Um exemplo de um Sabá público audacioso vem de

---

02 HORNECK, Anthony. "An Account of What Happened in the Kingdom of Sweden in the Years 1669, and 1670". *In*: GLANVILL, Joseph. *Saducismus Triumphatus: Or, Full and Plain Evidence Concerning Witches and Apparitions*. Londres: S. Lownds, 1681, p. 321.

03 "Akelarre (n.)". *Etymological Dictionary of Basque*. Compilação de R. L. Trask. Brighton, Inglaterra: University of Sussex, 2008.

04 "The Confessions of Witches in Guernsey, 1617". *In*: LEVACK, Brian P. *The Witchcraft Sourcebook*. Londres: Routledge, 2015, p. 209-13.

05 ILLES, Judika. *The Element Encyclopedia of Witchcraft*. Londres: HarperCollins Publishers, 2005, p. 665-66.

06 GLANVILL, Joseph. *Saducismus Triumphatus: Or, Full and Plain Evidence Concerning Witches and Apparitions*. Londres: S. Lownds, 1681, p. 163.

Salem, em Massachusetts, onde Abigail Hobbs confessou em 1692 que a reunião a qual ela havia comparecido fora conduzida no próprio pasto do reverendo Samuel Parris.[07] O mais comum, no entanto, era as localidades dos Sabás públicos incluírem pátios de igrejas e cruzamentos em praças públicas, como exemplifica a confissão de Helen Guthrie, da Escócia, que revelou em 1661 que seu coven havia se reunido no pátio da igreja de Forfar.[08] Já o francês acusado Isaac de Queyran afirmou, em 1609, ter comparecido a Sabás ocorridos em cruzamentos, e outros em praças públicas em frente a igrejas. Em relação ao último, De Queyran mencionou que o Diabo sempre erigia seu trono do lado diretamente oposto ao do altar principal da igreja e de frente para ele.[09] Além disso, duas acusadas de bruxaria de Burgundy, na França — Antoine Tornier e Jacquema Paget — admitiram terem participado de um Sabá ocorrido no pátio de um priorado local.[10]

Embora espaços ao ar livre pareçam ter sido preferenciais para os Sabás, estes não ficaram restritos a tais localidades, e existem diversas referências a bruxas se encontrando em espaços fechados. Nesses casos, o comum era o Sabá ser conduzido dentro de uma residência privada — seja a pertencente a uma integrante do coven, seja a de um indivíduo insuspeito. Gonin Depertyt, de Corsier, na Suíça, confessou em 1606 que ele fora levado até a casa de outra bruxa, onde ocorreu um encontro com o Diabo.[11] Demonstrando certa ousadia, algumas bruxas se reuniam até mesmo dentro de prédios públicos. Ironicamente, isso às vezes incluía

---

07 LE BEAU, Bryan F. *The Story of the Salem Witch Trials.*
Nova York: Routledge, 2016, p. 97.

08 KINLOCH, George Ritchie. *Reliquiae Antiquae Scoticae.*
Edinburgh: Thomas G. Stevenson, 1848, p. 120.

09 DE LANCRE, Pierre. *On the Inconstancy of Witches.* Tradução de
Harriet Stone e Gerhild Scholz Williams. Tempe: Arizona Center
for Medieval and Renaissance Studies, 2006, p. 93.

10 BOGUET, Henry. *An Examen of Witches.* Mineola, NY: Dover Publications, 2009, p. 54.

11 MONTER, E. William. *Witchcraft in France and Switzerland.*
Ithaca, NY: Cornell University Press, 1976, p. 96.

igrejas. Agnes Sampson, da Escócia, admitiu em 1590 que os encontros de seu coven ocorriam dentro da igreja de North Berwick. Ela chegou a descrever como o local havia sido iluminado com velas pretas, e como o Diabo conversou com as bruxas empoleirado no púlpito.[12]

Horário do Sabá

O Sabá era realizado quase sempre à noite, em regra entre as horas do cair da noite e da aurora. Meia-noite foi um horário citado com frequência, talvez por sua característica liminar (sendo a hora entre a noite e o dia). Em Salem, Mary Warren afirmou que George Burroughs tocou um trompete à meia-noite a fim de invocar outras bruxas para o encontro no pasto de Samuel Parris.[13] Para além da hora específica, desde muito tempo acredita-se que a noite é o momento em que bruxas e demônios estão em maior atividade. O período diurno, por outro lado, foi visto como sendo intrinsecamente sagrado, pois foi pensado como sendo símbolo da luz de Deus. Por essa razão, o jurista francês Henry Boguet escreveu em 1602, no livro *Discours exécrable des sorciers* [Discurso execrável das feiticeiras], que "não é novidade nem uma questão estranha que Satanás deva conduzir suas assembleias à noite; pois Jesus Cristo nos ensina que os malfeitores odeiam a luz".[14] Contudo, também ocorreram raras ocasiões nas quais indivíduos admitiram terem participado de Sabás diurnos. Por exemplo, Catharine de Nagiulle, de Ustaritz, na França, confessou ter ido a um Sabá ao meio-dia, após cair no sono em uma igreja e ser levada embora pelo Diabo.[15] É claro, Boguet também destacou uma razão mais prática para as bruxas escolherem

---

12 PITCAIRN. *Ancient Criminal Trials in Scotland, vol. 1*, p. 239.

13 "SWP No. 022: George Burroughs Executed, August 19, 1692".
    Salem Witch Trials Documentary Archive and Transcription Project.1

14 BOGUET. *An Examen of Witches*, p. 51.

15 DE LANCRE. *On the Inconstancy of Witches*, p. 90.

as horas noturnas — pois, debaixo do manto da escuridão, elas eram menos propensas a serem reconhecidas, e, assim, capazes de executar seus feitos maléficos sem o risco de serem descobertas.[16]

A duração do Sabá também variava, com alguns encontros sendo mantidos por muito tempo, enquanto outros eram bastante breves. Dois casos da Suíça fornecem evidências para estes últimos, um sendo um relato bem-humorado de Gonin Depertyt, que comentou sobre como o Diabo apressou as bruxas em sua refeição no Sabá, impelindo-as a comerem rápido, pois ele não poderia ficar muito tempo.[17] O segundo caso vem da confissão de Pernon Debrot, que afirmou ter comparecido a um Sabá que durou apenas uma hora, das 22h às 23h.[18] No entanto, o mais comum era o Sabá ser pensado como um evento para durar a noite inteira. A crença popular era que as festividades só chegariam ao fim com a chegada da aurora, anunciada pelo cantar do galo. Antoine Tornier e Jacquema Paget, junto de outra mulher acusada, Clauda Jamguillaume, confessaram não terem podido passar muito tempo no Sabá, pois um galo cantou assim que eles chegaram, e a assembleia foi dispersada de imediato.[19]

16 BOGUET. *An Examen of Witches*, p. 52.
17 MONTER. *Witchcraft in France and Switzerland*, p. 96.
18 Ibidem, p. 94.
19 BOGUET. *An Examen of Witches*, p. 52.

Data do Sabá

Quanto à data para o Sabá, costumava ser discutida em termos de acontecer em algum dia particular da semana. Como já mencionado no capítulo 1, Jean Bodin sugeriu que o sábado era uma noite especialmente auspiciosa para espíritos malignos. Ao mesmo tempo, Pierre de Lancre observou, em 1612, em seu livro *Tableau de l'inconstance des mauvais anges et démons* [Retrato da inconstância dos demônios e anjos maus], que o Diabo desejava se colocar diante da adoração de todos os outros e, ao fazê-lo, tornou a quinta-feira o dia de sua escolha para o Sabá — ele explicou que os turcos idolatravam nas sextas, judeus nos sábados e cristãos nos domingos.[20] No geral, parece ter havido pouco consenso quanto a um dia da semana específico. Abordando esse fato, Henry Boguet escreveu: "Concluí não haver um dia fixo para o Sabá, mas que as bruxas o frequentam sempre que são comandadas por Satanás a fazê-lo".[21] Ademais, os Sabás não se limitaram a serem conduzidos apenas uma vez na semana. De Lancre comentou que houve pessoas que compareciam ao Sabá "praticamente todas as noites".[22] Todavia, outras confessaram terem participado em um ritmo quinzenal, ou mesmo mensal, como o caso de uma mulher anônima de Eichstätt, na Alemanha, que admitiu, em 1637, que ela ia ao Sabá duas vezes ao mês, 24 vezes por ano.[23] Na Itália, Vicencia la Rosa confessou, em 1630, que visitava o Sabá em impressionantes três vezes por semana.[24]

Embora dias específicos da semana fossem mencionados em conexão com o Sabá das Bruxas, também ocorreram festivais ou feriados específicos associados a ele. De forma notável, fornecendo quatro dias significativos, Isobell Smith, de Forfar, na Escócia, confessou em 1661 que seu coven se encontrava para Sabás em "Candlemas, Rudday, Lambemas e Hallomas".[25] Essas datas

20 DE LANCRE. *On the Inconstancy of Witches*, p. 90.
21 BOGUET. *An Examen of Witches*, p. 53.
22 DE LANCRE. *On the Inconstancy of Witches*, p. 90.
23 "The Witch-Hunt at Eichstätt". *In*: LEVACK, Brian P. (ed.). *The Witchcraft Sourcebook*. Londres: Routledge, 2015, p. 223.
24 HENNINGSEN. "'The Ladies from Outside'". *In*: *Early Modern European Witchcraft*, p. 198.
25 KINLOCH. *Reliquiae Antiquae Scoticae*, p. 133.

foram ecoadas por Isobel Gowdie, que admitiu que seu coven fazia encontros trimestrais.[26] É claro, essas eram as mesmas datas que mais tarde se tornariam os quatro Sabás principais da Roda do Ano moderna — Candlemas/Imbolc, Rudday/Beltane, Lambemas/Lughnasadh e Hallomas/Samhain. Outros dias importantes incluíam o solstício, em cuja noite Jeanne Boisdeau confessou ter se encontrado com as amigas bruxas no topo da Puy-de-Dôme.[27] Na confissão da inglesa Margaret Johnson, feita em 1633, há menção de um encontro de bruxas ocorrido no Dia de Todos os Santos.[28] E Rebecca Greensmith, de Hartford, em Connecticut, confessou, em 1663, ter planejado assinar um pacto com o Diabo em um "alegre encontro" a ocorrer no Natal.[29]

No folclore popular, datas adicionais tradicionalmente consideradas sagradas pelos cristãos também vieram, de forma paradoxal, a ser associadas com o Sabá das Bruxas. Por exemplo, acreditava-se que as bruxas da Alemanha se reuniam na Walpurgisnacht (30 de abril – 1° de maio), a noite antes do dia do banquete de Santa Valburga, missionária anglo-saxã canonizada por volta de 870 pelo papa Adriano II, que era invocada por proteção contra os poderes da Bruxaria. Na Rússia, diziam que as bruxas eram ativas em particular na noite de Ivan Kupala, celebração do solstício de verão, mais tarde relacionada a São João Batista. O folclore sueco considerava que as bruxas voavam até Blåkulla para o Sabá na noite da Quinta-Feira Santa (a quinta-feira antes da Páscoa, celebrando a Santa Ceia). Um costume sueco bastante divertido registrado por sir William A. Craigie envolvia indivíduos escondendo vários instrumentos, incluindo pás de forno e vassouras, durante a semana da Páscoa, para impedir as bruxas de viajarem para o Sabá.[30]

---

26 PITCAIRN. *Ancient Criminal Trials in Scotland*, vol. 3, p. 606.

27 PEPPER; WILCOCK. *Magical and Mystical Sites: Europe and the British Isles*, p. 169.

28 HARLAND, John; WILKINSON, Thomas Turner. *Lancashire Folk-Lore*. Londres: Frederick Warne and Co., 1867.

29 ROSS III, Richard S. *Before Salem: Witch Hunting in the Connecticut River Valley, 1647–1663*. Jefferson, NC: McFarland & Company, 2017, p. 256.

30 CRAIGIE, William A. *Scandinavian Folk-Lore: Illustrations of the Traditional Beliefs of the Northern Peoples*. Londres: Alexander Gardner, 1896, p. 373-74.

Transporte

Seja por voo em algum objeto, tal como uma vassoura, ou caminhando a pé, os meios de viagem adotados por bruxas até os Sabás variavam bastante. Nos registros dos julgamentos e mais tarde no folclore, tanto os métodos de transporte sobrenaturais como os mundanos foram comumente citados, muitas vezes escolhidos com base na proximidade entre a localização do Sabá e o lar da bruxa em questão. Isaac de Queyran explicou como as bruxas que viviam longe eram transportadas pelo ar até o local no qual o Sabá estava sendo realizado. Enquanto isso, as que viviam perto, como ele próprio, apenas caminhavam até o encontro.[31] Em relato não muito diferente, Helen Guthrie mencionou que ela e duas outras bruxas — Isobell Shyrie e Elspet Alexander — haviam se encontrado em uma taberna antes de irem até o Sabá a pé.[32] Ainda assim, existiram outras bruxas sobre as quais se dizia terem ido a cavalo. Tal foi o caso de Agnes Sampson, que confessou ter cavalgado junto a seu cunhado até uma reunião ocorrida no pátio da igreja local.[33] Houve até mesmo acusadas de bruxaria, como uma mulher da Polônia chamada Jadwiga, que afirmaram terem tomado carruagens até o Sabá.[34] Contudo, esses métodos de transporte corriqueiros eram ofuscados pelas abundantes histórias de bruxas voando e atravessando o céu noturno a fim de alcançarem seu destino.

Embora seja popularmente mencionado em declarações confessionais dadas pelas acusadas, escritores do tema da bruxaria muitas vezes debateram sobre a natureza específica do voo — incluindo se era ou não possível. As opiniões divergiam quanto à habilidade de voar das bruxas se tratar de mero delírio ou ter algum elemento de realidade. Em relação à última, debateu-se ainda mais a respeito de esse voo ocorrer na forma

---

31 DE LANCRE. *On the Inconstancy of Witches*, p. 164.

32 KINLOCH. *Reliquiae Antiquae Scoticae*, p. 122.

33 PITCAIRN. *Ancient Criminal Trials in Scotland, vol. 1*, p. 239.

34 WYPORSKA, Wanda. *Witchcraft in Early Modern Poland 1500–1800.* Nova York: Palgrave Macmillan, 2013, p. 39.

física ou na espiritual. Assim, Pierre de Lancre declarou que "a questão sobre se a viagem das bruxas até o sabá é um prodígio, um sonho ou uma ilusão satânica, e se elas realmente vão até lá em corpo ou meramente em espírito, tem preocupado acadêmicos em eras antigas e modernas, assim como os juízes soberanos das cortes do parlamento".[35] O curioso é que a possibilidade de voo físico parece ter sido apoiada por muitos escritores que embasaram suas ideias ao citar referências bíblicas relacionadas a diferentes poderes possuídos por Deus e pelo Diabo. Bodin, ao defender o voo físico, mencionou uma história bíblica na qual Satanás transportou Jesus ao topo de um templo e então até uma montanha. Ele explicou que "seria zombar da história do Evangelho pôr em dúvida se o Diabo transporta bruxas de um ponto a outro".[36] Henry Boguet descartou a noção de voo espiritual ao explicar como a alma não poderia ser separada do corpo sem matar o indivíduo. No intuito de que a bruxa retornasse para o corpo, ela precisaria ser ressuscitada — um milagre que, de acordo com a Bíblia, apenas Deus poderia executar.[37]

Contudo, a negação do voo espiritual foi desafiada por um amplo número de confissões feitas por acusadas de bruxaria, que tendiam a incluir relatos de viagens tanto físicas como espectrais. Um desses casos é o da italiana Margherita di San Rocco, que explicou, em 1571, que "as visitas aos jogos [Sabás] feitas por mim não ocorreram em pessoa, mas em espírito, deixando o corpo em casa".[38] Margaret Johnson também revelou que, ao viajar até o Sabá, não eram os corpos das bruxas que se deslocavam, e sim os espíritos.[39] Muitas vezes, o voo do espírito até o Sabá foi discutido em termos de ser um sonho ou similar a um. Em 1608, a francesa acusada La Grande Lucye confessou que, às vezes, ela apenas sonhava com o Sabá, enquanto em outras, havia comparecido na forma física. De modo

35 DE LANCRE. *On the Inconstancy of Witches*, p. 104.
36 BODIN. *On the Demon-Mania of Witches*, p. 121.
37 BOGUET. *An Examen of Witches*, p. 48-49.
38 GINZBURG. *The Night Battles*, p. 17.
39 HARLAND; WILKINSON. *Lancashire Folk-Lore*, p. 199.

similar, na região basca, foi observado que as crianças declaravam terem viajado até o Sabá durante o sono com tamanha frequência que seus pais costumavam amarrá-las às camas ou tentavam mantê-las acordadas durante a noite para mantê-las em casa.[40]

Utensílios de Voo

Independentemente de qual tipo de voo, físico ou espiritual, fosse usado para chegar ao Sabá, muitas acusadas de bruxaria confessaram terem feito jornadas aéreas montadas em uma ampla gama de objetos. Embora tenham existido certos relatos de bruxas voando sem nenhum suporte, era muito mais comum ouvi-las fazendo-o com o auxílio de algum tipo de utensílio. É claro, no folclore popular as bruxas se tornaram mais associadas à vassoura. Uma das mais antigas menções registradas de um desses voos data de 1454, quando o francês Guillaume Edelin admitiu ter usado uma como meio de se conduzir até um encontro com o Diabo no Sabá.[41] Além disso, a mais antiga retratação pictórica de uma bruxa cavalgando em uma vassoura foi uma ilustração encontrada nas margens do já mencionado *Le champion des dames* (1440), de Martin le Franc. Mas, embora o utensílio tenha se tornado essencial para a imagem das bruxas no folclore moderno, historicamente não foi tão prevalente como alguns dos outros itens encontrados nas confissões das acusadas.

Talvez os mais simples dos objetos usados como condução até o Sabá tenham sido varas, bastões e cajados comuns. Por exemplo, Ann Foster, de Andover, em Massachusetts, confessou que ela e Martha Carrier voaram até um encontro de bruxas em uma vara. Foster acrescentou que a vara se quebrou no meio do voo, e as duas mulheres tombaram no chão.[42]

---

40 WILBY. *Invoking the Akelarre*, p. 15.

41 MURRAY, Margaret A. *The God of the Witches*. Oxford: Oxford University Press, 1970, p. 90-91.

42 ESSEX INSTITUTE. *Historical Collections of the Essex Institute, vol. 3*. Salem, MA: G. M. Whipple and A. A. Smith, 1861, p. 68.

Jeanette Clerc, uma acusada de bruxaria de Genebra, na Suíça, afirmou, em 1539, ter cavalgado até o Sabá em um bastão que ela havia encantado, dizendo: "Bastão branco, bastão preto, carregue-me para onde quiser; vá, em nome do Diabo, me leve!".[43] Somando-se a postes e bastões, certas plantas também foram consideradas como veículos para o voo. Isobel Gowdie confessou que ela era levada em pedaços de palha ou pés de feijão após entoar: "[CAVALO] e chapéu, cavalo e passeio, cavalo e ramos, vamos! vamos!".[44] Todavia, outras bruxas foram tidas como tendo usado ferramentas agrícolas comuns, tais como a mulher anônima de Eichstätt, que confessou ter cavalgado até o Sabá em um forcado após dizer as palavras: "Rápido! Chaminé acima, pelo buraco da janela! Em nome do Diabo, para fora e em frente!".[45]

Além de objetos inanimados, também se acreditava que as bruxas voavam nas costas de vários animais. Um acusado da Alemanha, Niclas Fiedler, admitiu em 1591 que ele havia montado em um bode, sobre o qual ele então voou até o Sabá.[46] Em Mora, na Suécia, diversas pessoas confessaram em 1668 que, após invocarem o Diabo em uma encruzilhada, bestas lhes foram providenciadas, as quais lhes carregaram até "além das Igrejas e dos Muros altos".[47] A transcrição do julgamento da italiana Matteuccia Francisci descreveu como, ao cavalgar sobre um bode, "ela visitava as chamadas atividades noturnas, sempre sobre túmulos, como um guincho de relâmpago".[48] Juntamente aos animais, humanos insuspeitos também foram considerados opções viáveis para as bruxas cavalgarem. A acusada

---

43 MONTER. *Witchcraft in France and Switzerland*, p. 57.

44 PITCAIRN. *Ancient Criminal Trials in Scotland*, vol. 3, p. 604. Parênteses de Pitcairn.

45 "The Witch-Hunt at Eichstätt". *In: The Witchcraft Sourcebook*, p. 223.

46 "The Confession of Niclas Fiedler at Trier, 1591". *In:* LEVACK, Brian P. (ed.). *The Witchcraft Sourcebook*. Londres: Routledge, 2015, p. 200.

47 HORNECK. "An Account of What Happened in the Kingdom of Sweden in the Years 1669, and 1670". *In:* GLANVILLE. *Saducismus Triumphatus*. p. 216.

48 "A Trial for Witchcraft at Todi". Tradução de Augustine Thompson. *In:* JANSEN, Katherine L.; DRELL, Joanna; & ANDREWS, Frances (eds.). *Medieval Italy: Texts in Translation*. Filadélfia: University of Pennsylvania Press, 2009, p. 211.

polonesa Małgorzata Kupidarzyna confessou ter cavalgado até o Sabá nas costas de "Marcin, o operário".[49] Anne Armstrong, de Northumberland, na Inglaterra, testemunhou em 1673 que Ann Forster havia usado uma rédea encantada para transformá-la em um cavalo. Forster então cavalgou em Armstrong até o Sabá, depois retornando a garota à forma humana ao remover a rédea.[50]

Unguento de Voo

Algumas vezes, para alçar voo, era necessário às bruxas fazerem uso do que se tornou conhecido popularmente como *unguento de voo*, algumas vezes referido como *unguentum sabbati*. Tradicionalmente tido como sendo dado às bruxas pelo Diabo, esse unguento era besuntado no instrumento de voo, ou diretamente em seus corpos. Uma vez que ele fosse aplicado, as bruxas se tornariam capazes de voar até as assembleias. Tais histórias foram comuns entre as confissões dos julgamentos de bruxas por toda a Europa — aparentemente, estão ausentes das narrativas das acusadas nas primeiras colônias norte-americanas. Elizabeth Style, de Somerset, na Inglaterra, confessou em 1664 que aplicava um óleo na própria testa e pulsos antes de ser conduzida até o Sabá.[51] Enquanto isso, a polonesa Anna Chałupniczka admitiu que, para voar, ela primeiro tinha de cobrir o corpo com um unguento.[52] Matteuccia Francisci relatou como ela e outras bruxas besuntavam os corpos com um unguento e entoavam: "Unguento, unguento, leve-me até as atividades noturnas de Benevento, sobre a água, sobre o vento, sobre todo o mau tempo!".[53] As acusadas de bruxaria na Espanha eram tidas como ungindo a si mesmas com veneno de sapo enquanto diziam: "Senhor, eu me

---

49 WYPORSKA. *Witchcraft in Early Modern Poland 1500–1800*, p. 39.

50 HOLE, Christina. *Witchcraft in England*. Londres: B. T. Batsford Ltd., 1947, p. 124.

51 GLANVILL, Joseph. *Saducismus Triumphatus: Or, Full and Plain Evidence Concerning Witches and Apparitions*. Londres: S. Lownds, 1681, p. 139.

52 WYPORKSA. *Witchcraft in Early Modern Poland 1500–1800*, p. 39.

53 "A Trial for Witchcraft at Todi". *In: Medieval Italy: Texts in Translation*, p. 210.

unto em Seu Nome, daqui em diante serei uma com o Diabo. Serei uma demônia e nada terei a ver com Deus".[54] Contudo, embora os unguentos de voo tenham sido bastante mencionados nas confissões dos julgamentos, era raro que a receita de algum fosse apresentada. Apesar disso, as autoridades letradas tomaram para si a tarefa de registrar os ingredientes que acreditavam compor o suposto bálsamo mágico.

Uma das mais antigas receitas registradas do unguento de voo foi fornecida pelo médico alemão Johannes Hartlieb em seu livro *Das Buch aller Verbotenen Künste* [*O Livro sobre Todas as Artes Proibidas*], o qual foi escrito em 1475. Hartlieb explicou que o unguento era composto por sete ervas, as quais deveriam ser colhidas em dias específicos da semana. Essas ervas incluíam o *heliotrópio* (borragem) colhido aos domingos, a *Lunaria annua* ou *rediviva* (dólar-de-prata anual ou bienal) colhida nas segundas-feiras, a *Verbena* (verbena) colhida nas terças-feiras, o *Mercurialis* (euphórbia) colhido nas quartas-feiras, a *Anthyllis barba-jovis* (valerianácea) colhida nas quintas-feiras e a *Adiantum capillus-veneris* (samambaia avenca) nas sextas-feiras. A sétima erva, que devia ser colhida aos sábados, seguiu anônima, pois Hartlieb não queria que os leitores tentassem recriar o unguento por si mesmos.[55] Cabe lembrar, contudo, que o sábado é tido como sendo governado pelo planeta Saturno, que é considerado como tendo domínio sobre plantas como as solanáceas — muitas das quais seriam mencionadas em receitas registradas mais tarde.

Embora o unguento de voo de Hartlieb pareça bastante tosco, um novo precedente seria estabelecido em 1486, após a publicação do *Malleus Maleficarum* [O Martelo das Bruxas]. Escrito pelo sacerdote católico alemão Heinrich Kramer, o *Malleus Maleficarum* evitou menções às ervas em sua descrição do unguento. Em vez disso, ele focou nos ingredientes macabros,

---

54 FRÍAS, Alfonso de Salazar. "An Account of the Persons at the Auto de Fe". *In:* HENNINGSEN, Gustav (ed.). *The Salazar Documents.* Leiden: Brill, 2004, p. 116.

55 HANSEN, Joseph. *Quellen und Untersuchungen zur Geschichte des Hexenwahns und der Hexenverfolgung im Mittelalter.* Bonn: Carl Georgi, 1901. Em: MAXWELL-STUART, P. G. *Witch Beliefs and Witch Trials in the Middle Ages.* Londres: Continuum, 2011, p. 77-78.

tais como os membros de crianças não batizadas.[56] Receitas que emergiram nos anos seguintes combinariam ingredientes igualmente pavorosos com plantas e ervas, a maioria delas venenosas. Tal como a receita fornecida por Girolamo Cardano no livro *De subtilitate rerum* [Sobre a sutileza das coisas], de 1550, a qual continha salsinha, acônito, potentilla e beladona, assim como fuligem e gordura de crianças pequenas. Giambattista della Porta incluiu duas receitas em seu livro *Natural Magick* (1558), a primeira das quais era quase idêntica à de Cardano, enquanto a segunda era composta de "sium, cálamo, pentáfilo, agrião-do-pântano, açoro comum, potentilla, sangue de um morcego, solanácea, ácido sulfúrico fumegante, beladona adormecedora e óleo".[57] Johann Weyer descreveu um unguento no livro *De praestigiis daemonum et incantationibus ac venificiis* [Dos truques dos demônios e dos encantamentos e feitiçarias], em 1563, feito de meimendro, cicuta, joio, beladona e ópio, assim como objetos funerários tais como fragmentos de roupas pertencentes aos mortos.[58]

O Sabá na Arte: *Fausto*, de Goethe

Uma descrição artística do Sabá rica em detalhes relativos a seu horário e localidade, assim como os modos variados de transporte adotados pelas bruxas para chegar lá, pode ser encontrada na trágica peça em duas partes de Johann Wolfgang von Goethe: *Fausto*. A versão mais antiga da peça, *Urfaust*, foi desenvolvida entre os anos de 1772 e 1775. Contudo, apenas em 1808 a primeira parte de *Fausto* foi publicada. A segunda, apenas após o falecimento de Goethe, em 1832. A peça é baseada em uma lenda alemã sobre um mago que, em busca por obter conhecimento e poder, vende a alma ao Diabo. Essa lenda, por sua vez, é tida como tendo sido inspirada pela

---

56 KRAMER, Heinrich; SPRENGER, Jacob. *The Malleus Maleficarum*. Tradução de Montague Summers. Mineola, NY: Dover Publications, 1971, p. 107.

57 DELLA PORTA, Giambattista. *Natural Magick*. Alemanha: Black Letter Press, 2020, p. 611.

58 HATSIS. *The Witches' Ointment*, p. 189-90.

vida real de um homem chamado Georg (ou John) Faust, um professor desonroso e conhecido mago. A mais antiga menção de Georg Faust que sobreviveu pode ser encontrada em uma carta escrita pelo abade beneditino e mago Johannes Trithemius e data de 1507. John Faust era conhecido de Martinho Lutero, que se referia ao homem como um dos aliados do Diabo. De fato, dizem que o próprio Faust chamava o Diabo de cunhado.

Na versão de Goethe da lenda, o protagonista assina um pacto com o demônio Mefistófeles, que promete fazer tudo que lhe fosse pedido se Fausto por fim o servisse no inferno. Em um ponto mais adiante na peça, Mefistófeles leva Fausto em uma aventura até as montanhas Harz, onde bruxas e bruxos estão reunidos, ansiosos pela celebração do Walpurgisnacht. Ele então oferece a Fausto uma vassoura para cavalgar pela encosta da montanha, mas o homem insiste em caminhar. Pelo caminho, eles encontram com um fogo-fátuo, a quem Mefistófeles ordena que os guie. No cume da montanha, Fausto observa fogos acesos brilhando e multidões de pessoas se divertindo. As bruxas e os bruxos cantam:

> Até o Chifre de Brocken, as bruxas cavalgam
> Os milhos verdeiam, os restolhos amarelam!
> A ralé se reúne aguardando o chamado,
> Governando a todos Lorde Urian se senta ao alto
> Aqui está o caminho, sobre galho, sobre pedra;
> O bode fede, e ——— na velha.[59]

Enquanto muitas das bruxas voam ao redor, uma personagem — que é percebida como sendo apenas metade bruxa — lamenta ser incapaz de voar como as outras. Ela implora a elas que não a abandonem, e explica que tem tentado alcançar o cume da montanha nos últimos três séculos. Em resposta, as bruxas debocham dela, cantando:

---

59 GOETHE, Johann Wolfgang von. *Faust*. Tradução de Alice Raphael. Norwalk, CT: The Heritage Press, 1959, p. 154. A censura é do original.

Uma vassoura vai lhe carregar — como faria um bastão,
Um forcado vai lhe carregar — como faria um bode.
Aqueles que não conseguirem se levantar hoje,
Perdidos para sempre permanecerão![60]

Embora a versão de Goethe para a lenda de Fausto tenha sido escrita diversos séculos depois do desenvolvimento da narrativa do Sabá, ela demonstra sua duradoura presença na mente do público. Além disso, a versão apresentada é perceptivelmente desprovida de ideais eclesiásticos explícitos. Goethe, ao contrário, emprega bom humor para focar nos detalhes mais folclóricos, tais como os utensílios usados pelas bruxas para voarem. É interessante notar que foi a peça de Goethe que introduziu a cena do Walpurgisnacht à lenda de Fausto. Ao fazê-lo, ele ajudou a popularizar a associação entre o Brocken e o Sabá das Bruxas. De fato, antes de *Fausto*, a única referência impressa de bruxas se reunindo no topo do Brocken foi no livro *Blockes-Berges Verrichtung* (1668), de Johannes Präetorius. Além de referenciar crenças comuns relacionadas ao Sabá, o livro descreve como esses encontros ocorreram em Brocken e inclui uma ilustração vívida retratando a folia no topo da montanha. Esse livro serviu de inspiração para Goethe escrever *Fausto*, que se tornaria a mais celebrada interpretação da lenda alemã.

---

60 GOETHE. *Faust*, p. 155.

CAPÍTULO 4

Através da Cerca e pelos Ares

Segundo o folclore, o Sabá das Bruxas era conduzido em uma miríade de localidades, ocorria durante as horas tardias de certas noites e as bruxas viajavam até esses encontros em pessoa ou em espírito. Mas como aplicar esse conhecimento às nossas práticas modernas? Deixando a temporalidade de lado (retornaremos a ela no capítulo 8), as duas mais importantes questões são onde o Sabá ocorre hoje e como fazemos para chegar até lá. Bem, como mencionado anteriormente, dentro da prática da bruxaria tradicional o Sabá é vivenciado como um evento no Outro Mundo, ao qual as praticantes comparecem na forma espiritual. Embora existam maneiras para ser encenado de forma física no mundo material, ele é interpretado primariamente como ocorrendo no interior da paisagem escondida do Outro Mundo. Portanto, tomando inspiração dos relatos de voo das bruxas ao Sabá, as praticantes modernas se voltam para a arte do voo do espírito. Ao deixarmos nossos corpos físicos e viajarmos até o Outro Mundo, obtemos acesso à lendária assembleia de bruxas e espíritos. Porém, antes que uma jornada ao Sabá se torne possível, é importante ter uma compreensão a respeito do Outro Mundo em si — incluindo a localização específica do Sabá nele. É claro, também há uma necessidade inerente de aprender como deixar o corpo físico e atravessar até o reino dos espíritos. Sem tal conhecimento, arriscar uma ida até o Outro Mundo e tentar encontrar o Sabá das Bruxas se mostrará ineficaz, na melhor das hipóteses, e perigoso, na pior delas.

O Outro Mundo das Bruxas

O que exatamente é o Outro Mundo? Essa é uma questão que não sei ao certo se pode ser respondida de forma simples e concreta. No entanto, em seu núcleo, o Outro Mundo é um reino, ou coleção de reinos, que existe separado do (ainda que, às vezes, sobreposto ao) nosso próprio mundo físico. É o lugar onde muitos tipos diferentes de espíritos residem e onde a energia mágica flui com maior liberdade. É também o local onde você encontrará o Sabá das Bruxas. Para as praticantes da bruxaria tradicional, o Outro Mundo é um lugar importante e é com frequência vivenciado como um lar distante do terreno. De fato, é comum dizer que as bruxas permanecem com um pé em cada um dos mundos, posicionando-se no meio da fronteira mística que os divide. Mas onde exatamente ele se localiza, e com o que ele parece? Essas também são perguntas para as quais não existem respostas fáceis ou explicações simples. Isso porque os caminhos pelos quais o Outro Mundo é vivenciado serão sempre subjetivos ao indivíduo e à cultura dentro da qual ele opera. Considere por um momento quantas espiritualidades e religiões diferentes existem no mundo, e como cada uma tem a sua própria variação de um Outro Mundo ou de uma vida pós-morte. A bruxaria não é diferente nisso, pois, em suas muitas tradições diferentes, existem variadas ideias relativas à natureza específica dela. Além disso, o Outro Mundo é deveras fluido, e suas paisagens se alteram com facilidade, tal como fumaça no vento. Assim, mesmo em um nível individual, uma bruxa pode vivenciá-lo de uma forma, e então descobri-lo com uma aparência completamente diferente ao retornar em outro momento.

Os Três Mundos e a Paisagem Escondida

A despeito da aparência volátil do Outro Mundo, grosso modo, ele pode ser dividido em três diferentes mundos: O Mundo Superior, o Mundo do Meio e o Submundo. Nos termos mais simples possíveis, o Mundo Superior é um reino celestial no qual os deuses residem, enquanto o Submundo é o lar subterrâneo dos mortos. Entre esses dois mundos, existe o Mundo do Meio, que consiste tanto no plano físico dos humanos quanto na paisagem escondida do Outro Mundo, onde os espíritos da natureza estão alojados. Essa visão tripartida da cosmologia pode ser encontrada em graus variados em muitas culturas diferentes, como a dos antigos mesopotâmios, que acreditavam que seu mundo terreno estava encaixado entre a dimensão celestial dos deuses e a subterrânea, povoada pelos espíritos dos mortos. Os egípcios também conceberam seu Outro Mundo como sendo constituído por um Mundo Superior e um Submundo. O último, conhecido como *Duat*, era o destino inicial para os recém-falecidos. Ali, os espíritos eram testados para determinarem se eram ou não merecedores de uma pós-vida. Os que fossem qualificados como dignos passavam para o Mundo Superior, conhecido como *Aaru*. E talvez o mais conhecido e melhor definido exemplo do modelo de três mundos venha da mitologia nórdica, na qual se acreditava existir nove reinos diferentes da existência, os quais por sua vez poderiam ser divididos em Mundo Superior, Mundo do Meio e Submundo.

Embora o Mundo Superior e o Submundo sejam ambos merecedores de atenção, para os propósitos deste livro, focaremos no Mundo do Meio, pois é lá que o Sabá das Bruxas ocorre. Localizando-se entre os demais mundos, o Mundo do Meio é o reino físico dos humanos e da natureza. Contudo, há um outro lado dele, para além do terreno, uma paisagem escondida do Outro Mundo que hospeda variados espíritos, tais como o *genius loci* (espírito global de um determinado lugar), os *landvættir* (espíritos individuais da natureza) e o Belo Povo. Além disso, é no interior das dobras dessa paisagem escondida, que existe em paralelo ou logo atrás da nossa, que o Sabá das Bruxas pode ser encontrado. De aparência similar à nossa própria paisagem natural, esta versão no Outro Mundo consiste em florestas, campos, montanhas e litorais. Lá também é possível encontrar certos elementos construídos, tais como igrejas, cemitérios, encruzilhadas e círculos de pedra. Consistente com o folclore, todos esses locais espirituais podem ser candidatos em potencial para o território do Sabá.

O Eixo do Mundo

Os três mundos estão estruturados e centrados ao longo do que é conhecido como o *eixo do mundo*, ou eixo cósmico. Também referido às vezes como a árvore do mundo, é uma estrada ou linha vertical que atravessa o Outro Mundo. De forma similar aos três mundos, existem variações do eixo do mundo por todas as diferentes culturas. Várias delas o apresentam existindo no aspecto de árvore, tal como a *Yggdrasil* nórdica, a *Yaxche* maia e a *Huluppu* suméria. Outras vezes, contudo, o eixo do mundo aparece em outros formatos, como o Monte Olimpo da mitologia grega, que pode ser visto como um eixo cósmico — com os deuses residindo no topo da montanha (Mundo Superior), humanos vivendo em sua base (Mundo do Meio) e os espíritos dos mortos descansando embaixo (Submundo).

Ao se aventurar no Outro Mundo, o eixo do mundo não apenas age como mapa cósmico, mas também como estrada espiritual. Você pode ascender até o Mundo Superior, ato imaginado como subir os galhos de uma árvore, escalar a encosta de uma montanha ou marchar escada acima. De forma similar, você pode descer o eixo do mundo até o Submundo, o que é tipicamente visualizado como rastejar para baixo das raízes de uma árvore, descender até as profundezas de uma caverna ou marchar escada abaixo. No Mundo do Meio, você tem a opção de perambular pelas direções cardinais norte, sul, leste, oeste e em todas as intermediárias delas. Isso pode ser vivenciado de diversas maneiras, incluindo escalar ao longo de caminhos ou trilhas, assim como seguir por rodovias e rotas antigas. Independentemente de qual caminho você tomar, cada um leva de volta ao eixo do mundo no centro. Assim, a árvore do mundo se torna um tipo de quartel-general para as jornadas no Outro Mundo, incluindo aquelas ao Sabá das Bruxas, onde cada uma começa e termina.

EXERCÍCIO
Visualização do Eixo do Mundo

Ter uma concepção minuciosa do eixo do mundo será importante daqui para a frente. Para este exercício, considere a aparência que você imagina dele. É uma árvore ou uma montanha? Ou há alguma outra imagem conversando com você? Há uma variação dele em sua cultura ancestral? Uma vez que você tenha uma ideia de qual a aparência do eixo do mundo para você, reúna alguns instrumentos de desenho e faça um esboço. Como alternativa, você poderia usar tinta ou algum outro meio artístico para criar essa imagem. Não se preocupe se você carece de habilidades artísticas; este exercício não envolve perfeição, e sim expressão.

Conforme você cria a representação visual do eixo do mundo, considere também seus outros sentidos. Ao se deparar com o eixo do mundo, o que você escutaria? O que sentiria? Qual seria o cheiro? E o sabor? Você pode não ter uma resposta para cada um dos sentidos, e está tudo bem. Faça o melhor que puder. Quanto mais detalhes você colocar em sua concepção do eixo do mundo, com maior vivacidade será capaz de experimentá-lo mais tarde, quando estiver no Outro Mundo.

A Bússola das Bruxas

Dentro da prática moderna da bruxaria tradicional, o mapeamento do Outro Mundo é muitas vezes evidenciado por meio de um ritual conhecido como *posicionando a bússola circular*. É por meio dele que a praticante alcança o eixo do mundo e cria uma encruzilhada de seis caminhos. De forma mais específica, é como ocorre a invocação dos espíritos de cada direção — norte, sul, leste, oeste, acima e abaixo — para abrirem as estradas até cada um de seus respectivos reinos. Assim, o Mundo Superior, o Submundo e a paisagem escondida do Mundo do Meio se tornam acessíveis. Uma vez que a bússola tenha sido ajustada, há duas maneiras principais pelas quais ela pode ser acionada. Primeiro, a praticante pode ficar em seu centro e fazer uso das correntes de poder fluindo de cada direção visando executar atos de magia. Dessa forma, espíritos e virtudes dos diferentes mundos se unem como ingredientes dentro de um caldeirão, aglutinando-se para alcançar o resultado desejado. Segundo, pode-se viajar em espírito ao longo das estradas até os diferentes mundos. Embora isso não seja necessário para viajar até o Outro Mundo, entendo ser uma ferramenta poderosa com o potencial de ajudar a fundamentar a experiência como um todo.

 EXERCÍCIO
Posicionando a bússola circular

Na prática atual da bruxaria tradicional existem muitos caminhos possíveis para posicionar a bússola. O conceito de bússola circular vem do falecido bruxo tradicional Robert Cochrane (1931–1966). Cochrane tinha sua própria maneira de posicionar uma bússola (ver as páginas 62 a 63 do meu livro *The Crooked Path* [O Caminho Tortuoso]), mas este exercício adotará meu método pessoal, o qual acho ao mesmo tempo simples e eficaz. Você pode seguir o formato fornecido aqui; porém, os melhores resultados surgem dos elementos sendo designados para as direções de modo que faça sentido à paisagem local. Por exemplo, onde moro, temos um forte vento setentrional, então atribuo ar para essa direção. Mas, se você tiver um rio ao norte do seu local de trabalho, seria mais apropriado destinar água nesse sentido. Se tiver dificuldade com isso, use a intuição e experimente opções diferentes até encontrar a mais adequada.

Itens Necessários

Incenso de sua escolha

Vela branca ou preta

Pedra do tamanho de um palmo

Pequena tigela de água

Para começar, localize cada uma das quatro direções (para isso, você pode acessar um aplicativo de bússola pelo celular). Então, começando pelo norte, permaneça ereta com os pés plantados firmes no chão. Com uma das mãos, segure o incenso aceso, passe os dedos através da fumaça e sinta o cheiro encorpado. Feche os olhos e respire fundo. Sinta-se alcançando os espíritos da estrada norte. Quando se sentir conectada, diga em voz alta:

Eu invoco os espíritos do norte, poderes primordiais do ar e do vento. Peço com gentileza que abram as estradas até o seu reino. Venham, juntem-se à minha bússola circular!

Mova-se para o leste, também ereta e com os pés firmados no chão. Em sua mão, segure a vela tremulante, passe um dedo perto da chama com rapidez e sinta o calor. Feche os olhos e respire fundo. Sinta-se alcançando os espíritos da estrada leste. Quando se sentir conectada, diga em voz alta:

Eu invoco os espíritos do leste, poderes primordiais do fogo e da chama. Peço com gentileza que abram as estradas até o seu reino. Venham, juntem-se à minha bússola circular!

Mova-se para o sul, assumindo a mesma postura das vezes anteriores. Em sua mão, segure a pedra, passe os dedos pela superfície dela e sinta a massa sólida. Feche os olhos e respire fundo. Sinta-se alcançando os espíritos da estrada sul. Quando se sentir conectada, diga em voz alta:

Eu invoco os espíritos do sul, poderes primordiais da terra e da pedra. Peço com gentileza que abram as estradas até o seu reino. Venham, juntem-se à minha bússola circular!

Mova-se para o oeste, ereta e com os pés firmes no chão. Em sua mão, segure a tigela de água, mergulhe o dedo nela e sinta a frieza. Feche os olhos e respire fundo. Sinta-se alcançando os espíritos da estrada oeste. Quando se sentir conectada, diga em voz alta:

Eu invoco os espíritos do oeste, poderes primordiais da água e do mar. Peço com gentileza que abram as estradas até o seu reino. Venham, juntem-se à minha bússola circular!

Mova-se para o centro do círculo, permanecendo com a mesma postura. Levante os braços acima da cabeça, esticando os dedos e alcançando o mais alto que conseguir. Feche os olhos e respire fundo. Sinta-se alcançando os espíritos da estrada superior. Quando se sentir conectada, diga em voz alta:

Eu invoco os espíritos de cima, poderes primordiais do Mundo Superior. Peço com gentileza que abram as estradas até o seu reino. Venham, juntem-se a minha bússola circular!

Continue no centro do círculo, com os pés firmes no chão. Abaixe os braços em direção ao solo, esticando os dedos e alcançando o mais para baixo que puder. Feche os olhos e respire fundo. Sinta-se alcançando os espíritos da estrada inferior. Quando se sentir conectada, diga em voz alta:

Eu invoco os espíritos de baixo, poderes primordiais do Submundo.
Peço com gentileza que abram as estradas até o seu reino. Venham,
juntem-se à minha bússola circular!

Continue em pé no centro do círculo. Respire fundo e sinta as correntes mágicas fluindo de cada uma das direções. Sinta o modo como essas energias se estendem para trás, ao longo das respectivas estradas, desaparecendo nas profundezas de seus reinos. Sinta o modo como elas se aglutinam no centro, formando a encruzilhada do Outro Mundo. No capítulo final deste livro, discutirei como utilizar a bússola circular como ferramenta de navegação para viajar por ele. Por ora, você pode praticar posicionar uma bússola circular e executar atos mágicos em seu centro.

Quando desejar encerrar o ritual, é de bom-tom agradecer aos espíritos de cada direção e desejar-lhes bom retorno. Comece no centro, com os braços em direção ao chão, e diga em voz alta:

Agradeço aos espíritos de baixo, poderes primordiais do Submundo.
Até nos encontrarmos outra vez, eu lhes desejo bom retorno!

Permanecendo no centro do círculo, levante as mãos acima da cabeça e diga em voz alta:

Agradeço aos espíritos de cima, poderes primordiais
do Mundo Superior. Até nos encontrarmos
outra vez, eu lhes desejo bom retorno!

Mova-se para o oeste, estenda os braços à frente e diga em voz alta:

Agradeço aos espíritos do oeste, poderes primordiais da água e do
mar. Até nos encontrarmos outra vez, eu lhes desejo bom retorno!

Mova-se para o sul, estenda os braços à frente e diga em voz alta:

Agradeço aos espíritos do sul, poderes primordiais
da terra e da pedra. Até nos encontrarmos
outra vez, eu lhes desejo bom retorno!

Mova-se para o leste, estenda os braços à frente e diga em voz alta:

Agradeço aos espíritos do leste, poderes primordiais
do fogo e da chama. Até nos encontrarmos
outra vez, eu lhes desejo bom retorno!

Por fim, vire-se para o norte, estenda os braços à frente e diga em voz alta:

Agradeço aos espíritos do norte, poderes
primordiais do ar e do vento. Até nos encontrarmos
outra vez, eu lhes desejo bom retorno!

Voo do Espírito

Para acessar o Outro Mundo e, na sequência, o Sabá em si, as praticantes da bruxaria tradicional empregam a arte do voo do espírito, também conhecida como *transvecção* ou *travessia de cerca*. Como observado anteriormente, o processo de voo do espírito envolve o corpo espiritual da bruxa flutuar do corpo físico, permitindo a forma etérea cruzar a fronteira até o Outro Mundo. O voo tem sido contrastado à projeção astral, e acredito que os dois são comparáveis, mas isso dependerá, é claro, de como você pessoalmente define cada um. Independentemente de como você o nomeia, o folclore fala sobre bruxas com o poder de voar. E assim como as bruxas tradicionais teceram vários fios de outras crenças folclóricas em suas práticas, do mesmo modo, o voo tem sido utilizado e aprimorado. É claro, compreendendo as leis da gravidade e se alinhando à interpretação do Sabá enquanto algo do Outro Mundo, voar é aceito como ocorrendo em um nível puramente espectral.

Aprender tal habilidade é um processo, e exigirá não apenas dedicação como grande quantidade de paciência. Porém, antes de começarmos, é importante se desfazer de algumas das noções pré-concebidas relacionadas ao voo do espírito. Primeiro, ele é erroneamente pensado como envolvendo a completa desconexão entre espírito e corpo. Contudo, não é esse o caso, pois tamanha ruptura entre os dois ocorre apenas na hora da morte física. Em vez disso, o espírito permanecerá atrelado ao corpo durante as jornadas ao Outro Mundo. Como tal, é natural conservar alguma ciência tanto do corpo físico como do entorno geral deixado para trás enquanto o espírito está passeando. Segundo, com frequência se presume que as percepções sensoriais ocorridas enquanto espírito voador serão equiparáveis àquelas vivenciadas enquanto corpo físico. Na realidade, nossos cinco sentidos operam de forma diferente no nível espiritual. Assim, o modo como você vê, ouve, toca, cheira e saboreia as coisas enquanto estiver empenhada no voo do espírito serão muito diferentes. Isso não significa que o voo do espírito ou as experiências resultantes no Outro Mundo deixarão de ser vívidas ou distintas, mas implica em combater expectativas irreais que podem levar a sentimentos tanto de pressão quanto de decepção.

Tendo isso em mente, o primeiro passo para alcançar o voo do espírito é se tornar adepta de criar e manter um estado de transe. Ao entrar nele, você altera sua consciência até um lugar que está em algum ponto entre a vigília e o sono. Nele, você não está ciente do seu corpo físico e do entorno, mas conserva o controle das faculdades mentais, emocionais e espirituais. Como resultado, o espírito se torna solto dentro do corpo, em um ponto no qual pode ser elevado e enviado adiante. Assim, estados de transe, com seus poderes liminares, são utilizados como pontos de entrada no processo de voo do espírito. E como Andrew Chumbley observou, é nessa intersecção da vigília, do sono e do sonho que nós não apenas chegamos ao Outro Mundo, mas adentramos ao Sabá das Bruxas propriamente dito.

Frequências das Ondas Cerebrais e Estados de Transe

É impossível discutir estados de transe sem também debater frequências das ondas cerebrais, pois ambas são a mesmíssima coisa. Cada pensamento, emoção e comportamento que temos está ancorado na comunicação entre neurônios dentro do cérebro. No intuito de se comunicar com alguém, os neurônios disparam impulsos elétricos que liberam neurotransmissores. Quando massas dessas pulsações elétricas se tornam sincronizadas, elas produzem o que é conhecido como *ondas cerebrais*. Dentre muitas coisas, elas são responsáveis por nossos vários estados de consciência. Existem cinco tipos de ondas cerebrais, cada um correspondendo a um nível diferente de consciência. Ter uma compreensão básica delas é fundamental para aprender como proceder na indução do estado de transe necessário para o voo do espírito.

Gama (32-100 Hz): Ondas cerebrais gama são vivenciadas quando nos empenhamos no aprendizado, no processamento cognitivo ou em tarefas que envolvem solução de problemas.

Beta (13-32 Hz): Ondas cerebrais beta são vivenciadas quando estamos bem acordados, tal como quando fazemos atividades da vida cotidiana e usamos raciocínio lógico ou pensamento linear.

Alfa (8-13 Hz): Ondas cerebrais alfa são vivenciadas quando nossa mente começa a relaxar, tal como quando estamos descansando ou devaneando.

Theta (4-8 Hz): Ondas cerebrais theta são vivenciadas quando estamos relaxados, tal como quando estamos em meditação profunda ou durante sonhos.

Delta (0,5-4 Hz): Ondas cerebrais delta são as mais lentas do cérebro e são vivenciadas quando estamos em um estado profundo de sono sem sonhos.

Para os propósitos do voo do espírito, você precisará alterar a atividade das ondas cerebrais até o estado theta. É nele que você descobrirá o espaço liminar entre a vigília e o sonhar pelo qual o acesso ao Outro

Mundo pode ser obtido. Embora possa parecer que o ideal seja alcançar a atividade mais baixa de ondas cerebrais para o voo do espírito, a delta só ocorre durante o sono profundo e sem sonhos. Portanto, é preciso evitar ir tão fundo em um estado de transe, pois nesse caso o mais provável é você pegar no sono. É necessário destacar que o voo do espírito pode ser alcançado enquanto estiver em estado alfa, no qual a jornada será mais leve, e assim você terá mais controle. Contudo, você estará mais sujeita a distrações físicas. Em qualquer caso, existem muitas técnicas úteis para alterar as ondas cerebrais e, na sequência, flutuar até o estado de transe necessário para o voo do espírito, seja o alfa ou o theta.

Respiração Profunda

Uma das mais importantes ferramentas para induzir ao transe e, portanto, ao voo do espírito, é a própria respiração. Muitas vezes negligenciada em razão de sua natureza automática, a respiração possui o poder de afetar de forma dramática nossos estados físicos, mentais, emocionais e espirituais. Quando focamos com consciência nela, com inspirações boas e profundas, e expirações longas e firmes, nós estimulamos nosso sistema nervoso parassimpático, o que reduz a pressão sanguínea e a frequência cardíaca, promovendo um sentimento de serenidade. Essa sensação de calmaria no corpo inteiro é essencial para alcançarmos o estado de transe associado com frequências cerebrais mais baixas. Por sorte, é relativamente fácil aprender e praticar técnicas de respiração profunda. Se você já tiver experiência em induzir um estado de transe, considere usar os exercícios seguintes como uma revisão útil.

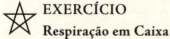

EXERCÍCIO
Respiração em Caixa

Este exercício recebe nome de um quadrado ou caixa imaginária cujos quatro lados criam o padrão do ciclo de respiração que você utilizará. Para começar, faça uma inspiração boa e profunda pelo nariz. Conforme inala, sinta o estômago empurrando para fora. Assegure-se de não forçar a respiração, permitindo que seu corpo encontre o ritmo natural. Segure ela por um ou dois segundos — não por mais tempo do que for confortável — e então solte uma longa e firme expiração pelo nariz ou pela boca. Conforme expira, sinta o estômago achatar de volta. Outra vez, segure por até dois segundos antes de reiniciar o ciclo. Pelo bem da prática, complete quatro a cinco conjuntos desses ciclos de respiração. Uma vez concluído, tome notas de como você se sentiu física, mental, emocional e espiritualmente.

⛤ EXERCÍCIO
Respiração Decrescente

A técnica de respiração a seguir, que me refiro como respiração decrescente, é uma da qual ouvi falar pela primeira vez no livro *The Inner Temple of Witchcraft* [O Templo Interno da Bruxaria], de Christopher Penczak. Para começar, você precisará se sentar ou se deitar em algum lugar confortável e sem distrações. Então comece com a técnica da respiração em caixa tomando uma boa inspiração, segurando-a por um momento, expirando e segurando outra vez. Repita esse ciclo mais onze vezes, para um total de doze repetições, contando em sua mente em ordem decrescente conforme progride. Quando chegar ao final, com sorte terá alcançado um relaxamento tanto mental quanto físico, e terá entrado em um estado alfa. Agora aprofunde-se ainda mais em um estado de transe repetindo o processo, treze ciclos desta vez, de novo contando em ordem decrescente conforme progride. Quando alcançar o fim da segunda contagem, se bem-sucedida, você terá ingressado em um estado theta.

Quando desejar retornar do estado de transe, execute o processo no sentido inverso. Contudo, agora, em vez de focar na respiração, foque em se tornar mais consciente do seu corpo. Conte de 1 a 13, e então de 1 a 12. Permita-se retornar até a consciência. Agite os dedos das mãos e dos pés, e então braços e pernas. Ao se sentir preparada, abra os olhos devagar e sinta-se retomando a consciência da vigília de um estado beta.[01]

---

01 PENCZAK, Christopher. *The Inner Temple of Witchcraft*.
St. Paul, MN: Llewellyn Publications, 2002, p. 99-100.

Relaxamento Muscular Progressivo

Um dos objetivos ao se preparar para o voo do espírito é se tornar tão minimamente consciente do corpo físico quanto possível. Embora a respiração profunda permita que a mente pare e se encaminhe a um estado de transe, você pode ainda se sentir distraída pela forma física. Seja por estar experimentando tensão muscular ou apenas por estar com dificuldades em permanecer imóvel, encontrar formas de relaxar o corpo é importante para o processo. Quaisquer distrações corporais irão involuntariamente impedir você de se empenhar no voo do espírito. Para remediar isso, recomendo usar uma técnica conhecida como *relaxamento muscular progressivo*. Em essência, ela envolve tensionar vários grupos de músculos antes de descontraí-los e experimentar uma sensação resultante de relaxamento.

EXERCÍCIO
Relaxamento Muscular Progressivo

Comece sentando-se ou deitando-se em uma posição confortável. Se assegure de que ocorra o mínimo de distrações. Inspire fundo, segure a inspiração e então expire. Continue a respirar de forma constante durante todo o exercício — lembre-se de não forçar a respiração, deixando-a fluir com naturalidade. Para cada grupo muscular, contraia por oito a dez segundos antes de soltar. Você não precisa tensionar com rigidez, pois fazê-lo causará distensão e frustrará o propósito do exercício. Permita que cada músculo lhe diga o que precisa.

1. Contraia os músculos dos pés curvando os dedos para baixo. Segure, inspirando fundo. Expire e solte. Diga a si mesma: "Meus dedos dos pés estão relaxados agora".

2. Contraia as panturrilhas flexionando os dedos dos pés para cima. Segure, inspirando fundo. Expire e solte. Diga a si mesma: "Minhas panturrilhas estão relaxadas agora".

3. Contraia as coxas, espremendo-as uma contra a outra. Segure, inspirando fundo. Expire e solte. Diga a si mesma: "Minhas coxas estão relaxadas agora".

4. Contraia a parte inferior das costas arqueando-a para cima. Segure, inspirando fundo. Expire e solte. Diga a si mesma: "Minhas costas estão relaxadas agora".

5. Contraia o estômago flexionando o abdome. Segure, inspirando fundo. Expire e solte. Diga a si mesma: "Meu estômago está relaxado agora".

6. Contraia os ombros levantando-os até as orelhas. Segure, inspirando fundo. Expire e solte. Diga a si mesma: "Meus ombros estão relaxados agora".

7. Contraia os braços puxando os tríceps em direção aos ombros. Segure, inspirando fundo. Expire e solte. Diga a si mesma: "Meus braços estão relaxados agora".

8. Contraia os antebraços estendendo-os e trancando os cotovelos. Segure, inspirando fundo. Expire e solte. Diga a si mesma: "Meus antebraços estão relaxados agora".

9. Contraia os dedos fechando o punho e apertando com gentileza. Segure, inspirando fundo. Expire e solte. Diga a si mesma: "Meus dedos estão relaxados agora".

10. Contraia o maxilar abrindo a boca o máximo que conseguir. Segure, inspirando fundo. Expire e solte. Diga a si mesma: "Meu maxilar está relaxado agora".

11. Contraia os olhos fechando-os com firmeza. Segure, inspirando fundo. Expire e solte. Diga a si mesma: "Meus olhos estão relaxados agora".

12. Contraia a testa levantando as sobrancelhas o mais alto que puder. Segure, inspirando fundo. Expire e solte. Diga a si mesma: "Minha testa está relaxada agora".

13. Conclua inspirando fundo outra vez. Segure. Então solte, dizendo a si mesma: "Meu corpo está relaxado por inteiro agora".

Trilhando o Moinho

Embora o mais comum seja acessar o voo do espírito por meio de um estado de profundo relaxamento trazido pela quietude, existem outras técnicas que usam o movimento para induzir o estado de transe necessário para fazer jornadas ao Outro Mundo. Na prática da bruxaria tradicional, o método primário usado nesse sentido é conhecido como *trilhar o moinho*. Como no ritual mencionado antes, de posicionar a bússola circular, trilhar o moinho foi criado por Robert Cochrane. O ritual, embora relativamente moderno, é uma reminiscência das menções folclóricas sobre bruxas executando danças circulares no Sabá. Como tal, trilhar o moinho envolve circunvoluções em torno de um objeto central, como uma fogueira, durante o qual os olhos se mantêm focados. A pessoa trilha ao redor da bússola ou do círculo, encarando à frente, com os ombros paralelos ao objeto central. O braço voltado para o lado de dentro é estendido, com o dedo indexador apontando para o objeto central. A cabeça é inclinada para o lado e para baixo, descansando sobre o ombro, e a linha de visão é enviada para baixo pelo comprimento do braço e se fixa no objeto ao centro. Além disso, algumas praticantes usam o que se chama de *passo coxo* — em essência, arrastar um pé atrás de si enquanto trilham o moinho. Esse movimento específico é uma homenagem aos vários espíritos com os quais se trabalha no ofício tradicional, tais como Tubal Caim (figura importante na tradição de Cochrane), aqueles que são ditos ter pés mancos.

O propósito de trilhar o moinho é duplo. Primeiro, pode ser usado como uma maneira de invocar poder mágico. Por meio de movimentos e gestos, as bruxas extraem energia do Outro Mundo, da natureza e daquilo que habita dentro delas. Essas várias correntes de poder mágico então se misturam antes de serem encaminhadas na direção de um objetivo específico, tal como empoderar certo feitiço ou trabalho ritual. Embora não necessariamente separado do primeiro, o segundo propósito é induzir um estado de transe. Isso é alcançado pelo movimento circular monótono, acompanhado de um olhar fixo no objeto imóvel, criando um efeito hipnótico. Além disso, o posicionamento da cabeça limita levemente a quantidade de oxigênio fluindo até o cérebro (não o suficiente para que isso seja considerado perigoso em qualquer aspecto), produzindo ainda mais um estado alterado de consciência. É o propósito pelo qual o moinho é trilhado que determina a direção do passo da bruxa, se no sentido do relógio ou em sentido contrário. O mais comum é ocorrer no sentido anti-horário, pois ir contra o sol simboliza não apenas a natureza inversa do Outro Mundo, mas também o aspecto subversivo em si da bruxaria. Assim, algumas praticantes acham que trilhar o moinho no sentido horário é útil ao trabalhar formas benéficas de magia, assim como nas tentativas de ocasionar o aumento de certas bênçãos. Por outro lado, a passada sinistra é mais utilizada para formas mais sombrias de magia, tais como maldições ou banimentos.

EXERCÍCIO
Trilhando o Moinho

Para este exercício você precisará de um objeto para servir de foco central. Na bruxaria tradicional, é comum usar um *stang* (bastão ritual forcado) para este propósito. Em outros casos, uma fogueira, uma pequena chama queimando em um caldeirão ou uma simples vela são usadas. Além disso, você pode usar uma pedra, uma caveira ou mesmo uma árvore.

Para começar, decida se a passada ocorrerá no sentido horário ou anti-horário. Se escolher o primeiro, coloque-se com o ombro direito em paralelo ao foco central. Mantendo o corpo direcionado à frente, estenda o braço direito, apontando o dedo indicador para o objeto no meio. Vire a cabeça para o lado, pendendo-a de leve, de modo que o queixo descanse sobre o ombro. Encare na direção do braço e fixe a visão no foco central. Então comece a caminhar devagar para a frente, assegurando-se de manter o contato visual com o objeto. Enquanto anda, você pode desejar usar o passo coxo. Se for o caso, enquanto trilha, deixe o pé direito (se estiver andando no sentido anti-horário) ou esquerdo (no sentido horário) se arrastar no chão atrás de você.

Continue a passada, permitindo que o movimento firme e monótono puxe você em direção a um estado mais profundo de consciência. Sinta a mente se aquietando e a visão começando a suavizar. Enquanto anda, esteja atenta à respiração, mantendo-a suave e rítmica. Após um tempo, você pode perceber estar ganhando velocidade no movimento circular. Se sentir-se confortável, continue a ganhar impulso. Do contrário, apenas reduza a velocidade.

Em algum momento, você se perceberá adentrando um transe profundo. Usando a intuição para identificar quando a força reunida estiver no auge, pare de súbito em sua trilha. Observe que isso causará um efeito atordoante e desorientador. Se estiver trilhando o moinho para aumentar a energia em um trabalho mágico, lance as mãos, sentindo o poder invocado projetando-se de dentro para fora das palmas abertas. Daqui, a magia irá adiante até onde ela for necessária. Se você estiver trilhando o moinho para entrar em transe ou para cruzar a cerca, permita que seu corpo desabe ao chão. Você pode também se deitar com gentileza sobre o piso, caso desmoronar naturalmente possa lhe causar ferimentos ou dor. Uma vez que estiver deitada, use a força reunida para se projetar até um estado meditativo profundo. Mais tarde, no capítulo 8, discutiremos como usar essa força para se elevar para fora do corpo na forma de espírito, atravessar a cerca e chegar ao Outro Mundo.

Visualização

A habilidade de visualizar ou de conjurar imagens específicas do interior da própria mente é considerada uma habilidade primordial e necessária para o exercício da magia. Embora a visualização seja comumente associada com nossas capacidades oculares, ela inclui todos os nossos cinco sentidos — visão, audição, tato, paladar e olfato. De fato, para muitas pessoas, a habilidade de ver imagens mentais pode ser bastante difícil. Ainda assim, ao mesmo tempo, elas podem ser capazes de ouvir, tocar, cheirar ou até mesmo saborear tais imagens. E assim, quando falar a respeito de *imagens*, não estarei me referindo necessariamente a imagens visuais, e sim aos produtos da nossa *imaginação*, os quais podem se basear em quaisquer dos cinco sentidos. As experiências pessoais com a visualização variam, e alguns dos seus sentidos serão naturalmente mais fortes do que outros. Então não se preocupe se tiver dificuldade de retratar uma cena ou um objeto específico em sua mente. Foque-se em qual dos outros sentidos poderiam criar essa imagem. Dito isso, é uma boa ideia tentar praticar exercícios para fortalecer a habilidade de visualizar a partir do uso de cada um dos sentidos. Fazê-lo lhe ajudará a criar imagens mais holísticas no interior da mente, o que, por sua vez, irá lhe ajudar não só no voo do espírito, mas também na prática mágica em geral.

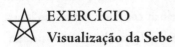
EXERCÍCIO
Visualização da Sebe

No intuito de praticar as habilidades de visualização, seja você novata ou buscando aprimorar os dons estabelecidos, este exercício é ao mesmo tempo simples e eficaz. Como mencionado antes, a fronteira entre o mundo físico e o espiritual é descrita como uma cerca. Como, mais adiante, você irá atravessá-la, ficará evidente depois a utilidade de praticar a visualização de como essa fronteira se parece. Para iniciar este exercício, você pode desejar pesquisar na internet imagens de sebes para obter uma impressão melhor sobre as diferentes aparências que elas podem ter. Então feche os olhos e inspire profundamente. Segure por um segundo ou dois, então solte o ar com uma expiração longa e firme. Permita que corpo e mente se aquietem. Quando se sentir pronta, foque a atenção no espaço em branco acima e no meio dos dois olhos (você pode fazer isso mirando em direção ao céu com os olhos fechados). Depois traga à mente a imagem da sebe, projetando-a nesse espaço. Uma vez que a imagem da cerca estiver no local, use diferentes sentidos para fazer observações a respeito dos detalhes mais sutis.

Qual é a aparência da cerca? Ela é coberta de folhas ou de grama? Qual a altura dela? A cerca emite algum barulho? O vento assobia por entre os galhos? Há pássaros cantando nos ninhos escondidos no interior dela? Qual a sensação de tocar nela? As folhas são macias ou acetinadas? Há espinhos afiados em meio aos galhos? Qual o cheiro da cerca? A folhagem tem um cheiro particular? É um cheiro amadeirado ou de pinho? Uma vez que os seus sentidos estiverem envolvidos por inteiro, tente manter a imagem completa da cerca por dois ou três minutos.

EXERCÍCIO
Visualização do Território do Sabá

Uma vez que você tiver manejado a simples visualização, estará na hora de tentar algo um pouco mais avançado. Para começar, decida uma localidade para o território do Sabá, escolhendo dentre os locais mencionados no capítulo 3. Uma vez que tiver escolhido um, feche os olhos e inspire bem fundo. Segure por um ou dois segundos, então solte o ar com uma expiração longa e firme. Permita que corpo e mente se aquietem. Quando se sentir pronta, foque no espaço vazio acima e no meio dos dois olhos. Depois traga à mente a imagem do território do Sabá, projetando-a nesse espaço. Uma vez que a imagem do território do Sabá estiver no lugar, use diferentes sentidos para fazer observações sobre os detalhes sutis.

Primeiro, você está ao ar livre ou em ambiente fechado? Se estiver em ambiente fechado, é uma casa ou um tipo específico de construção, tal como uma igreja? Se estiver ao ar livre, é uma floresta? No topo de uma montanha ou no litoral? Olhe ao redor. O que você vê? Mas não olhe apenas — na verdade, visualize-se caminhando no território do Sabá. Enquanto faz isso, perceba como se sente. O ar está em qual temperatura? Há uma carga mágica na atmosfera? Imagine que há algum tipo de fogo presente, seja uma fogueira, uma lareira ou algumas velas. Estenda a mão e sinta o calor irradiando das chamas. Imagine que o fogo exala um aroma de madeira queimando e ervas. Quais cheiros específicos você sente? Imagine que consegue ouvir alguém próximo tocando música. Qual o som dela? Continue caminhando ao redor do espaço e imagine que há uma mesa pronta com bebidas e comidas deliciosas. Escolha algo da mesa e prove. O que percebe no sabor? Uma vez que seus sentidos estejam envolvidos por inteiro, tente manter a imagem completa do território do Sabá por dois ou três minutos.

Música

A música é outra ferramenta que tem o poder de nos afetar em nível físico, mental, emocional e espiritual. Considere o modo como uma canção triste pode desanimar ou como uma agitada pode fazer o corpo se mover de forma quase involuntária. Assim como a respiração profunda e outras técnicas podem causar uma alteração nas ondas cerebrais, assim também acontece com a música. Ouvir diferentes sons pode permitir a entrada em estados de transe, tanto os frenéticos como os sossegados. O uso de instrumentos tais como tambores, chocalhos e flautas tem sido há muito tempo adotado para propósitos espirituais, em específico, qualquer trabalho que envolva a projeção do espírito afora do corpo físico e até o Outro Mundo.

Se desejar incorporar música na prática do voo do espírito e nas experiências no Sabá, há um conjunto de opções a considerar. Primeiro, que tipo de música usará? Canções com versos às vezes podem ser úteis e outras vezes podem ser uma distração, então é importante sentir o que funciona melhor para você. Além disso, considere o clima ou o tema da sua jornada, pois diferentes melodias podem ser usadas para encorajar certos tipos de experiências. Segundo, você produzirá a música ou será outra pessoa? Tocar o próprio instrumento ou cantar as próprias canções pode ser um caminho poderoso para entrar em transe e viajar até o Outro Mundo, mas isso requer prática e pode ser uma distração grande para uma neófita no voo do espírito. Portanto, pode ser mais útil no início ter outra pessoa providenciando a música para você ou tocar uma gravação. Terceiro, se for transmitir música do celular, computador ou de outro dispositivo, terá uma playlist ou apenas uma canção sendo repetida? Também é uma boa ideia assegurar-se de que a música tocará sem a interrupção de notificações ou anúncios, e que o dispositivo no qual será tocada não esteja no meio do caminho.

Além de música contendo palavras e instrumentos, há também um tipo especial, voltado para causar mudanças em nossas ondas cerebrais. Conhecidas como *batidas binaurais*, essa música consiste num tom diferente tocando em cada ouvido. Esses tons viajam até o cérebro, onde se fundem em uma batida singular com a qual o cérebro então sincroniza e cria um estado alterado de consciência. Você pode encontrar essas batidas na internet buscando por "batida binaural + o estado que gostaria de atingir", neste caso, alfa ou theta. Para melhores resultados, é recomendado o uso de fones de ouvido.

Enteógenos

Outro conjunto de ferramentas que tem sido usado para ajudar a induzir um estado de transe são os *enteógenos*, substâncias com propriedades alteradoras da mente e que são usadas dentro de um contexto religioso ou espiritual. Existem muitos tipos de enteógenos, variando tanto em segurança quanto em legalidade, mas eles são mais comumente derivados de plantas com virtudes psicoativas. Por favor, note que não estou endossando o uso de substâncias ilegais ou perigosas. Enteógenos, dependendo de quais deles, podem ser ingeridos (chás ou tinturas), inalados (incenso e misturas de fumaça) ou aplicados por via tópica (unguentos). É importante compreender que o propósito deles não é "sair da casinha", e o abuso de tais substâncias pode ter resultados terríveis, não apenas física como espiritualmente. Também é importante compreender que os enteógenos não se destinam a operar como atalhos até o Outro Mundo. Usá-los não substituirá o trabalho duro e a dedicação necessária para aprender os caminhos do voo do espírito. Se optar por tê-los em sua prática, deve emparelhá-los com suas habilidades inerentes. Embora os enteógenos consigam, por si mesmos, causar um estado de transe, sem dedicação ao processo, você não irá muito longe, assim como colocar as chaves na ignição pode ligar um carro, mas, sem pisar no acelerador e guiar a direção, não chegará a lugar nenhum.

Na prática moderna da bruxaria tradicional, a maneira mais popular de enteógeno utilizada é o unguento de voo. Tirados diretamente do folclore do Sabá das Bruxas, eles contêm vários ingredientes vegetais e são espalhados sobre certas partes do corpo com a finalidade de auxiliar a elevar o espírito do corpo e enviá-lo até o Outro Mundo. Muitos dos unguentos de voo de hoje possuem ingredientes vegetais similares aos das receitas antigas, em específico as quatro integrantes da família das Solanáceas, ou beladonas: mandrágora (*Madragora officinarum*), beladona (Atropa belladonna), meimendro (*Hyoscyamus niger*) e figueira-do-diabo (*Datura stramonium*). É vital reconhecer e compreender que cada uma das beladonas contém neurotoxinas mortais e, portanto, jamais devem, sob nenhuma hipótese, ser ingeridas — fazê-lo pode deixar alguém desde severamente doente até caído morto no chão. Dito isso, as quatro beladonas possuem realmente propriedades psicoativas que podem ser absorvidas pela pele com relativa segurança. Além disso, embora elas tenham certo apelo atávico, não são as únicas plantas enteógenas que podem ser utilizadas na preparação do unguento de voo. Duas ervas potentes comumente usadas no lugar delas são a artemísia (*Artemisia vulgaris*) e a losna (*Artemisia absinthium*).

Se você perceber que está atraído à ideia de trabalhar com unguentos de voo, é imperativo que primeiro faça a pesquisa adequada, tanto em termos de ingredientes quanto dos efeitos que eles podem ter no corpo. Assegure-se que você não seja alérgica a nenhum dos ingredientes, e que não existam outros potenciais riscos à saúde. Além disso, lembre-se de que todos os corpos são diferentes; portanto, o uso e os resultados irão naturalmente variar dos obtidos por outras pessoas. Se você desejar trabalhar com unguentos contendo alguma das plantas beladona, recomendo comprar um preparado por uma herbalista qualificada em vez de tentar produzir um por si mesma. Ao procurar por unguentos à venda, faça questão de não apenas examinar toda a lista de ingredientes, como também de verificar as credenciais da herbalista. Se você estiver mesmo inclinada à ideia de criar o próprio unguento de voo do zero, pode usar a receita atóxica fornecida abaixo. Em qualquer dos casos, seja comprando um pré-pronto ou fazendo o seu, siga as instruções fornecidas com cautela. Lave bem as mãos antes e depois da aplicação, e apenas utilize o unguento em áreas seguras, tais como têmporas e pulsos — evite membranas mucosas.

Se o unguento de voo não soar atrativo a você, existem outras opções enteógenas caso as deseje. Certas ervas, tais como a artemísia e a losna, que junto de muitas outras podem ser consumidas como chá ou tintura. Além das plantas que possuem propriedades psicoativas, as dotadas de qualidades sedativas, como erva caveira, valeriana, camomila e lúpulo, são também bastante úteis para promover um estado de transe. Elas podem ser encharcadas de água fervente para o preparo de chá ou ensopadas em vodca, ou outra bebida de alto teor alcoólico, por um período extenso para produzir uma tintura. Obtive sucesso com chás e tinturas operando como enteógenos, embora tenha achado essas últimas um pouco mais potentes. Além disso, um tipo levemente menos invasivo e não muito discutido de enteógeno é o incenso. A fumaça da queima de ervas, madeiras, resinas e óleos pode ter profundos efeitos de alteração da consciência, em especial quando as virtudes mágicas de cada ingrediente se alinham com os propósitos do voo do espírito. Podemos respirar de leve um pouco dessa fumaça, permitindo que ela capture nossos sentidos e relaxe nossos corpos, para cavalgarmos como espíritos ao longo de suas plumas perfumadas. As receitas a seguir são algumas das testadas por mim e consideradas verdadeiros enteógenos, incluindo unguento, chá, tintura e incenso, todas capazes de auxiliar em suas viagens no Outro Mundo até o Sabá das Bruxas.

Receita Atóxica de Unguento de Voo

¼ de xícara de losna

¼ de xícara de artemísia

2 colheres de sopa de verbena

2 colheres de sopa de potentilla

2 colheres de sopa de brotos de folha de álamo

Jarro limpo com tampa

Óleo de semente de uva

Cera de abelha ralada

Óleo essencial de sálvia esclareia

Tecido morim

Para começar, você precisará criar uma infusão de óleo. Combine a losna, a artemísia, a verbena, a potentilla e os brotos de álamo em um jarro limpo com uma tampa de rosca. Depois encha o jarro com o óleo de semente de uva, o suficiente para cobrir as ervas por inteiro. Permita que elas se encharquem no óleo por ao menos três ciclos lunares, agitando o jarro de vez em quando. Após isso, coe as ervas usando um pouco de tecido morim. Você provavelmente usará apenas uma pequena porção desta infusão de óleo, então pode armazenar o resto para usar mais adiante, não mais que um ano.

O próximo passo será combinar o óleo com uma base de cera de abelha. O desejável é seguir uma proporção de uma parte de cera para três partes de óleo. Determine o quanto de unguento você desejará fazer para encontrar o volume aproximado de cera de abelha a ser usado. Use um sistema de dupla caldeira para derreter a cera e então derrame-a em um recipiente limpo, tal como uma pequena lata de metal ou jarro de vidro, enchendo-o até cerca de um quarto do volume. Então adicione o óleo, preenchendo o resto do recipiente. Misture bem, e acrescente o óleo essencial de sálvia esclareia, adicionando de 10 a 15 gotas para cada 55 gramas de unguento. Como a infusão de óleo, o unguento de voo começará a perder a potência após cerca de um ano.

Ao usá-lo, aplique uma pequena quantidade nos pulsos, na testa e atrás das orelhas, aproximadamente 30 minutos antes de sua jornada. Você saberá que está funcionando quando começar a se sentir desconectada e as coisas ao seu redor parecerem desacelerar. Quando tiver concluído a jornada, você deve lavar quaisquer resíduos remanescentes de unguento com sabão e água morna.

> *Atenção:* Tenha cuidado ao aplicar unguentos feitos com ervas, pois reações alérgicas podem ocorrer! Sempre teste uma quantidade pequena em um pedaço da pele e descontinue o uso se uma reação ocorrer. Além disso, não use esse unguento de voo se estiver grávida e/ou amamentando, se for alérgica a tasneira, ou se tiver qualquer espécie de condição cardíaca.

Receita de Chá para Voo do Espírito

1 colher de chá de folhas de chá preto
½ colher de chá de artemísia
½ colher de chá de flor de camomila
½ colher de chá de escutelária

Moa todos os ingredientes com um pilão em um almofariz limpo, movendo em direção anti-horária enquanto se concentra na intenção de deixar o corpo físico para trás e viajar até o Outro Mundo. Coloque a mistura solta em um infusor de chá esférico e o deposite dentro de uma caneca resistente. Ferva água e a derrame com cuidado na caneca, cobrindo a bola de chá. Permita que o chá se encharque de 3 a 5 minutos antes de remover a esfera. Assegure-se de ter dado à bebida tempo de esfriar antes de tomar um gole.

Tintura para Voo do Espírito

Vodca
1 colher de sopa de losna
1 colher de sopa de damiana
1 colher de sopa de lúpulo

Coloque cada uma das ervas em um pote de vidro com tampa de rosca. Derrame vodca dentro dele, o suficiente para cobrir o topo das ervas. Tampe bem apertado. Chacoalhe com vigor por um minuto ou dois antes de depositar o recipiente em um local frio e escuro. Permita que as ervas se encharquem na vodca por três ciclos lunares, chacoalhando-as de vez em quando. Após isso, coe as ervas e derrame a tintura em uma garrafa de vidro limpa, de preferência, uma provida de conta-gotas. Para usar a tintura, deposite o conteúdo de um conta-gotas cheio debaixo da língua e permita que seja absorvido por inteiro.

Incenso da Bruxa da Cerca

1 colher de sopa de olíbano
1 colher de chá de artemísia
1 colher de chá de losna
1 colher de chá de sálvia esclareia
1 colher de chá de cravo-da-índia
1 colher de chá de canela
5 gotas de óleo essencial de cedro
5 gotas de óleo essencial de patchouli

Comece usando almofariz e pilão para moer a resina de olíbano em um pó grosseiro. Então adicione cada ingrediente vegetal, um por vez, moendo todos juntos conforme avança. Por fim, adicione os óleos essenciais na mistura em pó, assegurando-se de misturar bem. Como o incenso pode ainda estar molhado devido aos óleos, espalhe uniformemente a mistura em um prato e dê-lhe tempo de secar. Mais tarde, armazene o incenso em um jarro de vidro limpo. Quando estiver pronta para usá-lo, ele deve ser aceso no fogo e aquecido de forma branda, ou ainda ser queimado sobre carvão de incenso. Em ambos os casos, assegure-se de queimar o incenso em um recipiente resistente ao calor.

CAPÍTULO 5

Uma Comitiva Estranha e Sinistra

Em sua essência, o Sabá era um encontro de almas desobedientes, uma reunião sombria de bruxas e espíritos. É fácil imaginá-lo como um lugar ideal para os desprivilegiados se reunirem com o objetivo de se apoiarem mutuamente por meio das artes das trevas. Falando desse sentimento, Matilda Joslyn Gage descreveu o Sabá das Bruxas como "o protesto secreto de homens e mulheres os quais a Igreja e o Estado combinados degradaram e oprimiram com brutalidade".[01] A comitiva no Sabá era composta em grande parte pelas próprias bruxas, junto do Diabo, o qual se colocava como o grande mestre do grupo. Para além disso, contudo, outros visitantes também compareciam a ele, incluindo crianças que podem ou não ter sido bruxas elas mesmas. Às vezes, o Diabo era acompanhado por uma Rainha do Sabá, a qual era vista de forma variada, como uma integrante do coven especialmente escolhida, ou um ser do Outro Mundo. Também haviam participantes sobrenaturais ocasionais, tais como fadas e espíritos familiares. Neste capítulo, examinaremos as aparências, dinâmicas e os papéis específicos daqueles que foram vistos como frequentadores do território do Sabá.

---

01 GAGE. *Woman, Church, and State*, p. 259.

O Coven

De mãos dadas com o conceito do Sabá das Bruxas está o de coven. Enquanto a palavra *Sabá* descreve os encontros de bruxas, um *coven* se refere ao grupo de bruxas em si. O termo em inglês é uma variante de *covent* [convenção], que deriva da palavra latina *conventus*, que significa "assembleia".[02] A variante e a associação com bruxas surgiu na Escócia durante o século XVII, mas não ganhou popularidade no vernáculo folclórico até dois séculos mais tarde, quando foi incluída no livro *Letters on Demonology and Witchcraft* [Cartas Sobre Demonologia e Bruxaria], lançado em 1830 por sir Walter Scott. Nele, Scott escreveu: "As bruxas de Auldearn, de acordo com este penitente, eram tão numerosas que foram divididas em grupos, ou *covines*".[03] O propósito principal desses grupos, assim como do Sabá em si, era honrar o Diabo, executar magia e participar de celebrações pecaminosas. É possível que o coven também oferecesse um senso de comunidade, como evidenciado pelas descrições dos eventos recreativos ocorridos durante o Sabá; contudo, na maioria dos casos, amizade não parecia ser a prioridade entre as integrantes. De fato, em alguns momentos, a desavença dentro dos covens parecia ser algo comum. Independentemente se a dinâmica era amigável ou não, a partir da Idade Média em diante, as reuniões em covens se tornaram padrão para as bruxas.

O tamanho dos covens individuais variava muito, indo desde grupos pequenos e íntimos até os tão grandes que as integrantes eram desconhecidas umas das outras. No entanto, é difícil determinar números exatos, pois as confissões raramente citavam estimativas precisas, e permanece vago se a participação nos encontros dos Sabás necessariamente refletia o tamanho de um coven específico. No lado mais alto do espectro, William Barker confessou em 1692 ter visto não menos do que cem bruxas

02 "Coven (n.)". *Online Etymology Dictionary.*
03 SCOTT, Walter. *Letters on Demonology and Witchcraft.* Londres: George Routledge and Sons, 1884, p. 231.

presentes no encontro do Sabá em Salem, todas invocadas pela explosão retumbante de um trompete.[04] Na ponta menor, lembremos do encontro descrito por Gonin Depertyt no qual havia apenas outras duas bruxas presentes, além dele mesmo e do Diabo.[05] O folclore posterior sustenta que a formulação de um coven é de treze integrantes, número que parece ter sido um tanto comum entre as confissões dos julgamentos — em especial nos da Escócia. Isobel Gowdie confessou que havia treze bruxas em seu coven em Auldearn.[06] Jonet Howat, também da Escócia, revelou que "havia lá presentes com o diabo além dela, que ele chamava de belas dançarinas, as tais Issobell Syrie, Mairie Rynd, Hellen Alexander, Issobell Dorward e outras cujos nomes ela não sabia, totalizando treze delas".[07] Além desses dois casos, e em outras regiões, o número treze com frequência é apenas insinuado, tal como quando Anne Armstrong relatou ter visto Anne Forster, Anne Dryden e Luce Thompson presentes no Sabá junto de outras dez pessoas que ela não reconheceu.[08]

Dentro do coven, as integrantes às vezes ocupavam certos papéis ou executavam trabalhos específicos no Sabá. Na Escócia, as posições de donzela e administradora do coven foram mencionadas, embora permaneça um mistério o que essas posições implicavam. Isobel Gowdie nomeou Jean Mairten como a donzela do seu coven e Johne Young como administrador.[09] Janet Breadheid, do mesmo coven de Gowdie, confessou em 1662 que, antes de Young assumir o cargo de administrador, a posição havia pertencido a seu marido John Taylor.[10] O interessante é que tal posição não esteve sempre reservada aos homens, pois Bessie Weir, de Paisley, na

---

04 "SWP No. 009: William Barker, Sr.". *Salem Witch Trials Documentary Archive and Transcription Project.*

05 MONTER. *Witchcraft in France and Switzerland,* p. 96.

06 PITCAIRN. *Ancient Criminal Trials in Scotland, vol. 3,* p. 603.

07 KINLOCH. *Reliquiae Antiquae Scoticae,* p. 114-15.

08 HOLE. *Witchcraft in England,* p. 124.

09 PITCAIRN. *Ancient Criminal Trials in Scotland, vol. 3,* p. 604.

10 Ibidem, p. 617.

Escócia, admitiu em 1677 ter sido a administradora em diversos encontros.[11] Além disso, covens foram por vezes descritos como tendo um sistema de hierarquização. Quando em funcionamento, era frequentemente baseado na idade e na expertise de cada bruxa, como o caso das espanholas acusadas de bruxaria, que se referiam às posições bruxa *junior* e *senior*, com esta última muitas vezes tendo mais *status* e privilégio do que a primeira.[12] Contudo, a classificação às vezes também se baseava na questão socioeconômica. Essa situação foi mais acentuada na França, onde houve menções frequentes à tensão entre bruxas ricas e pobres no Sabá. Ysabeau Richard confessou em 1615 que as bruxas abastadas e de uma classe social superior eram protegidas no Sabá, enquanto as que eram pobres encaravam rejeição das companheiras de coven opulentas. Ela seguiu dizendo que as bruxas ricas eram consideradas mais importantes e gozavam de assento na mesa durante o banquete, enquanto as pobres eram mantidas à distância.[13]

Embora em alguns lugares o Sabá possuísse o sentimento de reunião intimista e festiva, na qual as bruxas eram bastante familiarizadas umas com as outras, em outros era o oposto. Pelo medo de serem reconhecidas e pela possibilidade de terem os nomes escapando dos lábios das colegas de coven perseguidas, muitas bruxas seguiam uma regra rígida de anonimato. O modo mais pronunciado pelo qual esse anonimato se demonstrava nos relatos do Sabá estava nas máscaras as quais se dizia que alguns covens usavam. Nicolas Remy apontou esse costume quando escreveu: "Pois elas pensam que têm muito a temer, caso aquelas julgadas e consideradas culpadas de bruxaria fossem induzidas através de tortura a trair suas cúmplices perante o juiz; e, por essa razão, iam mascaradas ao Sabá".[14] Em 1612, a francesa Claudon Bregeat ofereceu mais detalhes

---

11 GLANVILL. *Saducismus Triumphatus*, p. 291.

12 FRÍAS. "An Account of the Persons at the Auto de Fe". *In: The Salazar Documents*, p. 126.

13 BRIGGS, Robin. *The Witches of Lorraine*. Oxford: Oxford University Press, 2007, p. 139.

14 REMY, Nicolas. *Demonolatry*. Tradução de E. A. Ashwin.
    Mineola, NY: Dover Publications, 2008, p. 61.

sobre os disfarces, confessando que a maioria das bruxas do seu coven usava máscaras feitas de linho, cocares ou até mesmo chapéus puxados sobre as faces no intuito de esconder a verdadeira identidade. Além disso, ela mencionou uma prática bastante peculiar dentro de seu coven, usada para proteger a identidade de bruxas específicas. Bregeat explicou que, durante a dança do Sabá, uma integrante do coven permanecia no centro e observava com cuidado qualquer bruxa que ousasse tentar capturar um vislumbre das faces umas das outras. Ela observou que, como consequência, se alguém do coven fosse pega cometendo tamanha gafe, seria afastada com violência.[15]

Crianças no Sabá

Dentre as pessoas que compareciam ao Sabá das Bruxas estava um número surpreendente de crianças, variando em idade desde as pequenas até adolescentes. Relatos de julgamentos envolvendo crianças suspeitas de bruxaria podem ser encontrados por toda a Europa e nas primeiras colônias norte-americanas. Contudo, em algumas áreas, tais como Suécia e Espanha, o número de crianças acusadas foi excepcionalmente alto. Nessas áreas, crianças regularmente se apresentavam com histórias pitorescas sobre como elas tinham viajado até assembleias noturnas. Seja por causa de suas imaginações desenfreadas ou por terem sido chantageadas por adultos com motivos escusos, as crianças pareciam quase desejosas de compartilhar as experiências no Sabá. Mas na mente dos perseguidores e escritores da época, o vasto número de crianças bruxas era apenas o resultado do Diabo buscando corromper quem era mais impressionável. Pierre de Lancre observou que o Diabo as procurava porque elas eram "mais facilmente conquistadas".[16]

15 BRIGGS, Robin. *Witches & Neighbors*. Nova York: Penguin, 1996, p. 40.
16 DE LANCRE. *On the Inconstancy of Witches*, p. 309.

128   *Sabbath das Bruxas* • Kelden

Para crianças, a jornada até o Sabá era tipicamente instigada pelos pais, que as levavam consigo, ou por bruxas com as quais não tinham parentesco, que as raptavam de suas camas. As acusadas de bruxaria em Mora, na Suécia, ofereceram o seguinte relato: "Quando as Crianças estavam dormindo, elas [bruxas] vinham até o quarto, capturavam as Crianças, que de imediato acordavam, e lhes perguntavam se elas lhes acompanhariam a um banquete. Algumas respondiam sim, outras não; contudo, todas eram forçadas a ir".[17] No lado espanhol da região basca, diziam que as bruxas convenciam as crianças a visitarem o akelarre subornando-as com frutas e perguntando a elas se gostariam de ir a um lugar onde teriam grande divertimento com outras crianças.[18] De Lancre acrescentou que as bruxas impediam as crianças de se defender ao botarem as mãos em seus rostos ou alimentá-las com maçãs envenenadas ou pão feito com painço preto. Como resultado desse encantamento, as crianças se incendiavam com um grande desejo de fugir para o Sabá.[19]

A extensão das atividades nas quais as crianças participavam durante o Sabá é bastante obscura, embora pareça que o mais comum era elas se sentarem à margem e apenas observarem as bruxas adultas empenhadas em sua devassidão. Na Espanha, diziam que as crianças não poderiam se tornar bruxas de verdade até alcançarem a *idade da discrição* — idade na qual a Igreja Católica acreditava que uma criança era capaz de tomar decisões morais e, portanto, poderia ser julgada por seus pecados. Assim, qualquer criança trazida ao Sabá recebia uma pequena chibata e a tarefa de vigiar os sapos do coven e quaisquer outros suprimentos usados para fazer poções. Parece que essas crianças recebiam permissão de participar das danças; no entanto, foi observado que elas eram carregadas nos ombros de bruxas mais velhas durante os gracejos.[20] Na Suécia, não era

---

17 HORNECK. "An Account of What Happened in the Kingdom of Sweden in the Years 1669, and 1670". *In*: GLANVILL. *Saducismus Triumphatus*, p. 317-18.

18 FRÍAS. "An Account of the Persons at the Auto de Fe". *In*: *The Salazar Documents*, p. 112.

19 DE LANCRE. *On the Inconstancy of Witches*, p. 97.

20 FRÍAS. "An Account of the Persons at the Auto de Fe". *In*: *The Salazar Documents*, p. 113-114.

permitido às crianças bruxas sentarem-se à mesa durante o banquete do Sabá. Em vez disso, elas tinham de comer as refeições em pé próximas à entrada da grande casa que ficava no centro da Blåkulla.[21] Por sorte, as crianças também eram excluídas dos encontros sexuais. De Lancre destacou que os demônios não estabeleciam pactos explícitos com ninguém que ainda não tivesse alcançado a puberdade — que a Igreja considerava ser a idade apropriada para o casamento na época.[22]

As histórias fornecidas por crianças relativas a visitas ao Sabá tiveram efeitos devastadores em suas famílias, tornando-se evidências condenatórias contra os próprios pais. Por exemplo, dentre as provas contra Margueritte le Charpentier, julgada por bruxaria em La Bourgonce, na França, em 1620, estavam as histórias contadas pelo filho dela a seus colegas de escola. De acordo com o garoto, cujo nome era Cesar, ele e a mãe haviam sido carregados chaminé acima por um cachorro preto que os conduziu até uma bela sala, na qual se banquetearam em uma abundância de carne. Cesar acrescentou que ele, a mãe e o cachorro comeram do mesmo prato e que dançaram e executaram maravilhas. Não surpreende que Margueritte tenha negado as afirmações do filho, e culpou as outras crianças por ele ter inventado tais mentiras. Contudo, ela por fim cedeu à pressão dos interrogadores quando foi informada que Cesar fizera confissões diretas que a envolvia.[23] Um século antes, em 1597, as acusações contra Didier Pierrat, de Saulcy-sur-Meurthe, na França, foram reforçadas quando sua filha de 8 anos relatou como ele a havia levado ao Sabá. Ela explicou como o pai voara em uma vassoura com ela na garupa até o topo de uma montanha, onde eles cearam e ela o observou dançando com um "homem preto".[24]

---

21 HORNECK. "An Account of What Happened in the Kingdom of Sweden in the Years 1669, and 1670". *In*: GLANVILL. *Saducismus Triumphatus*, p. 322.

22 DE LANCRE. *On the Inconstancy of Witches*, p. 231.

23 BRIGGS. *The Witches of Lorraine*, p. 133-34.

24 BRIGGS. *Witches & Neighbors*, p. 234.

O Diabo

O Diabo desempenhou diversos papéis no Sabá das Bruxas, o mais importante deles sendo o de grão-mestre ou supervisor dos ritos e festividades. Era em sua honra que as assembleias foram realizadas, e os eventos ocorridos lá foram encenados em seu nome. Em um papel mais ativo, a função primária do Diabo era a de um iniciador, despertando as pretensas bruxas para o poder delas. Além disso, ele ensinava às presentes no Sabá os caminhos da bruxaria — em especial, o malefício — e como usá-la para alcançarem seus desejos, assim como os dele mesmo. Como o chefe da comitiva do Sabá, o Diabo apareceu em muitas formas diferentes — incluindo humana e animal, assim como formas híbridas de ambos. Ele foi descrito pelas acusadas de várias maneiras, variando desde o surpreendentemente régio ou excêntrico até o horrivelmente feio e monstruoso. Desses relatos, pareceria que o Diabo era um metamorfo de incrível proficiência, habilidoso na arte da metamorfose. Assim, De Lancre observou em seus escritos que o Diabo "não mantém a mesma aparência do começo ao fim; todas as suas ações consistem em alterar a aparência, pois ele nunca assume uma identidade consistente; ele não é nada além de ilusões, decepção e fraude".[25]

Quando aparecia na forma humana, o Diabo era geralmente descrito como um homem "preto" ou "escuro". Não está claro se essas descrições tinham a intenção de denotar a cor de pele ou outras características físicas. Mary Toothaker, de Andover, em Massachusetts, confessou em 1692 que o Diabo aparecera para ela como um "homem pardo".[26] Nesse caso em particular, a descrição de Toothaker estava relacionada com o intenso medo dos povos indígenas circundantes — em específico, a tribo dos Wampanoag — à época. Com certeza não podemos descartar a possibilidade de que a designação do Diabo como um homem preto ou escuro poderia ter conotações racistas ou xenófobas. Em outros lugares, contudo, o Diabo

25 DE LANCRE. *On the Inconstancy of Witches*, p. 96.
26 "SWP No. 128: Mary Toothaker". *Salem Witch Trials Documentary Archive and Transcription Project.*

foi referido apenas como "um homem de preto", dessa vez focando em sua vestimenta em vez das características físicas. Elizabeth Style, por exemplo, confessou que ela e outras três bruxas se encontraram com o Diabo, o qual se parecia com um homem vestido em roupas pretas.[27]

Por outro lado, houve também relatos dele vestindo roupas de cor brilhante às vezes. As acusadas de bruxaria de Mora, na Suécia, declararam que o Diabo aparecia para elas como um homem de barba vermelha vestindo um casaco cinza, ligas azuis e vermelhas e um chapéu de coroa alta envolto em lenços de cores diversas.[28] Enquanto isso, Gonin Depertyt, da Suíça, mencionou em confissão que o Diabo veio ao Sabá vestido de vermelho.[29] Barbara Schluchter, de Würzburg, na Alemanha, confessou em 1617 que o Diabo era um "belo e jovem rapaz de barba preta, vestes vermelhas, meias verdes e chapéu preto, com uma pena vermelha em cima".[30] Além disso, ele foi descrito exalando uma sensação de realeza — vestindo roupas elegantes e sentando-se em um trono. Walpurga Hausmännin, de Dillingen, na Alemanha, relatou em confissão, em 1587, que o Diabo aparecia como um homem grande de barba cinza, ricamente vestido e sentado em uma cadeira como um grande príncipe.[31] A descrição de Hausmännin foi ecoada nos relatos das espanholas acusadas de bruxaria, que declararam que o Diabo se sentava em um grande trono, em dignidade real.[32]

Quando tomava a forma bestial no Sabá, o Diabo parece ter tido uma preferência por adotar o disfarce de um bode. Nicolas Remy explicou que, quando o Diabo desejava ser idolatrado pelas discípulas, ele assumia o

---

27 GLANVILL. *Saducismus Triumphatus*, p. 143.

28 HORNECK. "An Account of What Happened in the Kingdom of Sweden in the Years 1669, and 1670". *In*: GLANVILL. *Saducismus Triumphatus*, p. 316.

29 MONTER. *Witchcraft in France and Switzerland*, p. 96.

30 ROPER, Lyndal. *Witch Craze*. New Haven, CT: Yale University Press, 2004, p. 87.

31 "The Confessions of Walpurga Hausmännin, 1587". *In*: LEVACK, Brian P. (ed.). *The Witchcraft Sourcebook*. Londres: Routledge, 2015, p. 194.

32 FRÍAS. "An Account of the Persons at the Auto de Fe". *In*: *The Salazar Documents*, p. 114.

aspecto de um bode em razão do cheiro fétido emitido por essa criatura.[33] No entanto, o formato animal escolhido por ele também refletia as variações na fauna regional. Em um dos encontros do Sabá frequentado por Isobel Gowdie, o Diabo apareceu como uma corça.[34] Enquanto isso, um polonês chamado Jan confessou, em 1727, que ele o havia abordado no formato de um lobo.[35] O Diabo também era capaz de adotar a forma de um híbrido humano-animal. Agnes Sampson ofereceu numerosas descrições do Diabo; dentre elas, uma na qual apresentava uma face terrível, com o nariz no formato de um bico e olhos chamejantes, assim como pernas e mãos peludas com garras, como as de um grifo.[36] Além desse relato, Isabel Becquet afirmou que, em seu Sabá, o Diabo havia adotado a aparência de um cão em pé nas patas traseiras, com dois grandes chifres e mãos humanas.[37] Chifres foram uma característica comum atribuída a ele, e De Lancre observou que uma opinião genérica entre as bruxas era que o Diabo possuía três chifres, o do meio sendo algum tipo de luz que servia como fonte de iluminação no Sabá.[38]

---

33 REMY. *Demonolatry*, p. 72.

34 PITCAIRN. *Ancient Criminal Trials in Scotland, vol. 3*, p. 603.

35 WYPORSKA. *Witchcraft in Early Modern Poland 1500–1800*, p. 62.

36 PITCAIRN. *Ancient Criminal Trials in Scotland, vol. 1*, p. 240.

37 "The Confessions of Witches in Guernsey, 1617". In: *The Witchcraft Sourcebook*, p. 213.

38 DE LANCRE. *On the Inconstancy of Witches*, p. 96.

Rainha do Sabá

Além do Diabo, às vezes o Sabá também era presidido por uma mulher. O título conferido a essa mulher varia em algumas ocasiões. Isobel Gowdie aludiu à posição especial de donzela do coven. Além disso, quando discutiu o Sabá em 1697, um jovem rapaz, James Lindsay, de Paisley, na Escócia, mencionou a presença de uma mulher chamada Antiochia. Foi observado que ela era a esposa do Diabo.[39] No entanto, com alguma frequência a líder feminina era referida como a *Rainha do Sabá*. Em todas as confissões em julgamentos da Europa e das primeiras colônias norte-americanas, existem referências ocasionais a uma bruxa que obtivera um elevado *status* dentro do coven e, em razão disso, recebia favores ou atenção do Diabo. Em geral, essa era uma bruxa que tinha demonstrado uma propensão para o malefício maior do que a das demais colegas de coven. A posição de rainha poderia ser permanente, e tal foi o caso em Salem, quando o Diabo supostamente conferiu a Martha Carrier o grande título de Rainha do Inferno.[40] No entanto, parece que a posição de Rainha do Sabá era em regra apenas temporária, sendo passada de uma bruxa para outra com o tempo, como o caso ocorrido na Polônia do século XVIII, onde Oderyna foi apontada como tendo servido de Rainha do Sabá; porém, o título foi depois herdado por outra pessoa — Niewitecka — após sua execução em 1737.[41]

Em sua aparência, a Rainha do Sabá era normalmente caracterizada pela beleza distinta e vestimentas régias. Jeanette d'Abadie observou em sua confissão em 1609 que o Diabo sempre selecionava a mulher mais bela para ser a rainha.[42] Na Espanha, diziam que a rainha usava uma elaborada

---

39 *A Relation of the Diabolical Practices of Above Twenty Wizards and Witches of the Sheriffdom of Renfrew in the Kingdom of Scotland.* Londres: Hugh Newman, 1697, p. 18.

40 "SWP No. 087: Mary Lacey, Jr.". *Salem Witch Trials Documentary Archive and Transcription Project.*

41 WYPORSKA. *Witchcraft in Early Modern Poland 1500–1800*, p. 39.

42 DE LANCRE. *On the Inconstancy of Witches*, p. 239.

corrente de ouro em torno do pescoço, com cada elo dela retratando a face do Diabo.[43] Enquanto isso, na Polônia, ela foi descrita como usando uma coroa de ouro e estando cercada por crianças.[44] Em outro relato polonês, a coroa da rainha foi substituída por um par de chifres dourados.[45] Marion Grant, de Aberdeen, na Escócia, confessou em 1597 que ela havia comparecido a danças nas quais o Diabo esteve presente com uma mulher, vestida em um colete branco, que era conhecida como "Nossa Senhora".[46] Margaret Talzeor, de Alloa, na Escócia, mencionou em 1658 que uma mulher misteriosa estivera no Sabá, vestida em um colete verde com caudas cinzentas.[47]

O papel da Rainha do Sabá em alguns casos parece ter sido passivo, com ela tendo pouca relação com a liderança do coven. Uma das principais honras conferidas às nomeadas como rainha era um assento próximo ao do Diabo durante o banquete do Sabá. Nesse sentido, embora a bruxa em questão possa ter sido escolhida por sua destreza nas artes maléficas, a posição como Rainha do Sabá tinha menos a ver com poder e mais com ostentação. No entanto, nem sempre foi esse o caso, pois às vezes a rainha foi retratada desempenhando partes mais importantes no Sabá, incluindo assumir papéis de destaque durante os rituais. As espanholas acusadas de bruxaria relataram que, durante a Missa Negra, a Rainha do Akelarre se sentava ao lado do Diabo, de onde coletava oferendas. Em uma das mãos, ela segurava uma caixa de donativos, e na outra, uma tábua pintada com a imagem da face do Diabo.[48] De Lancre observou em seus trabalhos que a dama de honra do Diabo, ou Rainha do Sabá, auxiliava na iniciação das

---

43 FRÍAS. "An Account of the Persons at the Auto de Fe". In: *The Salazar Documents*, p. 122.

44 WYPORSKA. *Witchcraft in Early Modern Poland 1500–1800*, p. 39.

45 Ibidem, p. 184.

46 THE SPALDING CLUB. *Miscellany of the Spalding Club, vol. 1*. Aberdeen, Escócia: Spalding Club, 1841, p. 171.

47 FERGUSSON, R. Menzies. "The Witches of Alloa". *The Scottish Historical Review 4*, n. 13, 1906, p. 40-48.

48 FRÍAS. "An Account of the Persons at the Auto de Fe". In: *The Salazar Documents*, p. 122.

crianças na bruxaria. Em especial, ela as instruía sobre o que fazer durante o ritual e as ajudava a recitar as palavras adequadas de renúncia.[49] Na Escócia, Isobel Gowdie sugeriu que a rainha tinha ainda mais preeminência durante os rituais e ofícios mágicos, quando expressou que "não fazemos nenhuma grande obra sem nossa Donzela".[50]

Familiares

Outro grupo de seres que também poderiam ser encontrados no Sabá das Bruxas eram os espíritos conhecidos como *familiares*. Esses espíritos serviam como assistentes e conselheiros das bruxas, tendo frequentemente aparecido logo antes ou depois de elas terem sido iniciadas pelo Diabo. Familiares prestavam diversos serviços às bruxas, incluindo ajudando-as a conduzir suas ordenações vis. Algumas vezes, esses espíritos apareciam na forma de um animal, tal como um gato, um cachorro, um pássaro ou um sapo, mas também eram capazes de adotar uma forma humana. A natureza exata dos familiares flutua por todo o folclore, pois foram descritos de variados jeitos — demônios, anjos, fadas ou mesmo espíritos dos mortos. Menções a familiares no Sabá são bem menos frequentes em comparação àquelas relacionadas aos demais participantes. A despeito disso, as menções que podem ser encontradas são ao mesmo tempo fascinantes e bastante reveladoras sobre o caráter geral dos familiares. Por exemplo, enquanto discorria sobre as integrantes de seu coven, Isobel Gowdie mencionou que cada uma tinha um espírito que lhes atendia. Embora ela nunca tenha declarado de maneira explícita que esses espíritos estivessem presentes nas reuniões em que participou, Gowdie chegou a providenciar nome e descrição para

---

49 DE LANCRE. *On the Inconstancy of Witches*, p. 400.

50 PITCARIN. *Ancient Criminal Trials in Scotland*, vol. 3, p. 610.

cada um dos familiares das bruxas.[51] Os detalhes íntimos fornecidos sugerem que ela realmente encontrou com eles em pessoa, o que se presume ter ocorrido durante o Sabá.

Apesar das alusões aos familiares no Sabá terem sido mais comuns nos registros dos julgamentos da Grã-Bretanha, há também relatos em outros países. Na Espanha, as bruxas recebiam sapos como familiares e essas criaturas frequentavam o Sabá, sendo observadas com atenção pelas crianças no local. Durante o encontro, ocorria a ordenha do veneno dos sapos, que era então usado pelo coven em vários atos maléficos. A presença de familiares foi também implicada nas referências a diabos ou demônios no Sabá. Por exemplo, junto às bruxas e a Lúcifer, foi mencionando na confissão de Matteuccia Francisci que havia "demônios infernais" dentre os participantes das atividades noturnas.[52] No julgamento de Johannes Junius, foi descrito como ele se encontrava com sua *paramour*, termo usado para descrever um tipo de espírito participante que costumava conter conotações românticas ou sexuais. Junius confessara que sua paramour, chamada Vixen, esteve presente no Sabá quando ele foi iniciado na bruxaria. Além disso, Vixen prometeu que o levaria a outras reuniões de bruxas no futuro. De modo similar, Vicencia la Rosa relatou que seu familiar, Martinillo, levou-a ao Sabá.[53] Ademais, Walpurga Hausmännin admitiu ter cavalgado até o Sabá, junto ao paramour dela, sobre um forcado. Tomando esses exemplos por base, parece que os espíritos familiares também funcionavam como uma espécie de transporte, guiando as bruxas até os encontros no Sabá.

51 PITCAIRN. *Ancient Criminal Trials in Scotland, vol. 3*, p. 606.
52 "A Trial for Witchcraft at Todi". *In: Medieval Italy: Texts in Translation*, p. 211.
53 HENNINGSEN. "'The Ladies from Outside'". *In:*
Early Modern European Witchcraft, p. 198.

Fadas

Somando-se aos participantes mencionados acima, as fadas às vezes eram incluídas dentro da comitiva do Sabá. Como discutimos antes neste livro, houve considerável sobreposição entre o folclore das bruxas e o das fadas, inclusive nos conceitos relacionados às reuniões de ambas. Existem muitos elementos similares entre o Sabá das Bruxas e o Sabá das Fadas, como rituais iniciáticos, trabalhos mágicos, banquetes, música, danças e até mesmo intercurso sexual. A despeito das similaridades, contudo, esses dois tipos de Sabás permanecem eventos distintamente separados. Com isso em mente, é raro encontrar menções folclóricas de fadas comparecendo ao Sabá das Bruxas. Por outro lado, existem diversas referências de bruxas tendo visitado o Sabá das Fadas. Assim como vimos no capítulo 1, as jornadas ao reino das fadas foram realizadas por pessoas como Isobel Gowdie, Agnes Cairnes e Alison Pearson, durante as quais elas testemunharam e participaram de atos similares àqueles do Sabá das Bruxas. Além disso, considere o caso de Bessie Dunlop, uma acusada de bruxaria de Ayrshire, na Escócia. Dunlop confessou, em 1576, ter sido abordada por um grupo de doze "boas criaturas" que "habitavam a Corte de Elfame". Essas criaturas, ou fadas, solicitaram a Bessie que as acompanhassem, presume-se que até Elfame, onde ela compareceria a um Sabá das Fadas. Contudo, Bessie recusou a oferta e elas logo desapareceram em uma rajada tempestuosa de vento pútrido.[54]

Em seu Sabá, as fadas operavam de forma muito parecida com as das próprias bruxas, banqueteando-se, dançando e executando magias. Considere as referências de Alison Pearson ao divertimento que ela testemunhou entre as fadas na Corte de Elfame. No que diz respeito à magia, as referências ao Sabá das Fadas contêm exemplos tanto de ofícios maléficos como benéficos. Isobel Gowdie observou que, quando ela "estava na casa dos elfos", viu as fadas criando *flechas élficas* ou *dardos élficos*, os quais ela e as integrantes de seu coven usaram para causar dano corporal aos inimigos

---

54 PITCAIRN. *Ancient Criminal Trials in Scotland, vol. 1*, p. 52-53.

delas.[55] Por outro lado, uma mulher anônima de Alcamo, na Itália, relatou em confissão, em 1627, que, durante seu encontro com as fadas, elas iam de casa em casa dançando e comendo enquanto, ao mesmo tempo, forneciam bênçãos aos habitantes. Ela observou que, ao se despedirem, elas diziam: "Que pare a dança e a prosperidade aumente!".[56] Além disso, o Sabá das Fadas era presidido por uma rainha e um rei — embora eles nem sempre aparecessem juntos —, similar ao modo no qual o Diabo e a Rainha do Sabá governavam os encontros das bruxas. Ambos eram tratados com reverência e considerados fornecedores de preenchimento físico e espiritual. Recorde que os presentes nos encontros liderados por Madame Oriente recebiam não apenas uma abundância de comida, como também conhecimento sobre as artes mágicas. Em 1598, Andro Man, de Aberdeen, na Escócia, relatou que, durante um encontro com a Rainha de Elfame, ela prometeu que ele chegaria a "saber sobre todas as coisas, e que deveria ajudar a curar todos os tipos de doenças", e ainda que seria entretido e receberia comida.[57]

---

55 PITCAIRN. *Ancient Criminal Trials in Scotland*, vol. 3, p. 607.

56 HENNINGSEN. "'The Ladies from Outside'". In: *Early Modern European Witchcraft*, p. 197-98.

57 THE SPALDING CLUB. *Miscellany of the Spalding Club*, vol. 1, p. 119.

O Sabá na Arte: *El Aquelarre*, de Francisco Goya

Desde que o conceito surgiu, houve incontáveis representações artísticas do Sabá e de suas participantes. De longe, um dos mais célebres desses trabalhos é a pintura *El Aquelarre*, de Francisco Goya. Durante os anos de 1797 e 1798, Goya criou seis pinturas a óleo devotadas ao tema da bruxaria, incluindo a já mencionada. Acredita-se que elas possam ter sido encomendadas pelo duque de Osuna, pois ele e a esposa as compraram logo após elas terem sido concluídas. As retratações das bruxas de Goya foram, em parte, um comentário crítico em relação à crença sobrenatural, a qual ainda persistia em comunidades rurais e nas classes baixas, mesmo após o Iluminismo ter começado.

El Aquelarre retrata uma reunião de bruxas sentadas em torno do Diabo, em uma paisagem acidentada e estéril.[58] Claramente, esta é a própria campina do bode conforme descrita no folclore espanhol do Sabá. As bruxas variam em idade, algumas parecendo levemente mais jovens que outras, mas cada uma com uma face mirrada e distorcida. Em vez de possuírem semblantes ameaçadores, elas parecem tolas e simplórias, talvez representando as crenças supersticiosas que Goya estava criticando nesta pintura, assim como em seus outros trabalhos. Unidas, as bruxas se sentam em círculo, adorando o Diabo, sentado no centro. Ele usa o disfarce de um enorme bode preto, sentado ereto com grandes olhos amarelos e luminosos. Os chifres estão coroados com uma guirlanda de verdejantes folhas de carvalho, significando seu domínio sobre o encontro no Sabá. As bruxas parecem bastante casuais em suas poses, com uma delas meio deitada. Ao contrário das histórias de animosidade entre as integrantes, dado o modo como essas bruxas estão situadas próximas umas às outras, pareceria que esse coven era relativamente harmonioso, digamos assim. Acima do grupo, o céu é de um preto azulado como tinta, sobre o qual

---

58 Uma foto ampliável de *El Alquelarre* está disponível na Wikimedia Commons: <https://commons.wikimedia.org/wiki/File:Francisco_de_Goya_y_Lucientes_-_Witches_Sabbath_-_Google_Art_Project.jpg>.

morcegos atravessam esvoaçando de um lado para o outro, talvez espíritos por si só. Iluminados pela luz de uma lua crescente em ascensão, as bruxas oferecem obedientemente seus sacrifícios ao mestre. Segundo as histórias mais sombrias do folclore, essas oferendas são os corpos dos mortos ou de crianças agonizantes. O corpo de uma criança, rígido e em decomposição, está deitado no chão próximo, enquanto as pernas de um infante escapam de dentro das vestes de uma das bruxas. Duas delas seguram em mastros os corpos de mais duas crianças — uma emaciada e esquelética, a outra ainda carnuda e suculenta. No cenário de fundo, três pequenos corpos indeterminados estão pendurados em um poste.

Apesar das tentativas de Goya de retratar as bruxas como feias e tolas, há algo em *El Aquelarre* que é o exato oposto — belo e sério. A intenção do pintor pode ter sido a de retratar um grupo de mulheres iludidas que, em seu desespero e insensatez, decidiram se entregar ao Diabo, chegando até a oferecer crianças como sacrifício para agradar ao mestre. Todavia, é evidente na pintura que essas bruxas acreditam no que estão fazendo: elas se juntaram à noite para encontrar seu poder, algo que torna esta representação particularmente atraente, em vez de repulsiva. E assim, embora ele possa ter criticado a constante presença da superstição entre o público geral, seu trabalho também forneceu alimento visual para essas mesmas crenças. E, hoje, *El Aquelarre* continua sendo uma das mais preeminentes representações artísticas do Sabá das Bruxas.

CAPÍTULO 6

O Círculo do Sabá

Um dos elementos essenciais da bruxaria tradicional é trabalhar com espíritos, tanto no reino físico como no Outro Mundo. Espíritos podem ser encontrados em diferentes lugares, mas uma das localidades mais centralizadas para tal comunhão é o Sabá das Bruxas. Nele, as praticantes de hoje podem se encontrar com vários tipos de espíritos no intuito de executar magia, aprender novas habilidades, estreitar laços e unir-se nas clássicas e extáticas festividades dessas reuniões noturnas. No capítulo anterior, discuti as variadas participantes do Sabá conforme elas aparecem no folclore, incluindo o coven das bruxas, o Diabo e a Rainha do Sabá, assim como as fadas e os familiares. Na prática moderna, ao visitar o Sabá das Bruxas, você naturalmente cruzará com muitos desses mesmos seres. No entanto, os tipos de espíritos presentes dependerão dos relacionamentos que você tiver com eles. Assim, se não tiver uma relação de trabalho com o Diabo em seu ofício, é improvável que ele aparecerá em qualquer encontro ao qual você compareça. Dito isso, pode haver situações nas quais convidados inesperados chegam ao Sabá das Bruxas, para o bem ou para o mal. Em qualquer caso, é importante que você saiba sobre os espíritos com os quais você pode se deparar e como trabalhar — ou não — em segurança com eles durante o Sabá.

Divindades

No folclore do Sabá, as reuniões de bruxas eram normalmente presididas por um espírito chefe, o mais comum deles sendo o Diabo. No entanto, como discutido anteriormente, houve situações, tais como os Sabás de Fadas, nas quais o líder era um espírito feminino. É bastante evidente no folclore que esses espíritos particulares foram e são de especial importância. Para além de seus *status* elevados enquanto líderes do Sabá, eles tinham uma certa personalidade que os diferenciava do resto das participantes. De uma perspectiva moderna, esses espíritos poderiam ser classificados como divindades. É claro, isso dependerá de como é a sua definição pessoal do termo, mas, para os propósitos deste livro, definirei divindade como um espírito de posição exaltada. Consistente com o folclore, o Sabá experimentado pelas bruxas modernas é presidido por uma divindade ou divindades, embora deva ser observado que não é sempre esse o caso, e para algumas praticantes pode não haver envolvimento de divindade nenhuma. Se, e quando, uma divindade ou divindades aparecerem no Sabá, a identidade específica delas dependerá de cada bruxa e com quem elas se relacionam. Assim, uma praticante pode descobrir o Sabá sendo liderado por Hécate, enquanto outra pode encontrar Cernuno ocupando esse papel.

Dentro da prática da bruxaria tradicional, muitas praticantes trabalham com dois seres arquetípicos referidos como o *Pai Bruxo* e a *Mãe Bruxa*. Os termos *pai* e *mãe* não fazem necessariamente referência ao par enquanto uma dualidade ou companheiros românticos/sexuais, mas denotam o *status* deles enquanto seres primordiais dos quais todas as coisas se originam. Portanto, essas divindades podem aparecer juntas ou separadas no Sabá das Bruxas. Além disso, é importante compreender que esses espíritos, a despeito dos apelidos, não estão limitados a qualquer tipo binário de gênero e podem se mover pelo espectro masculino e feminino. Em conformidade com o folclore dos julgamentos de bruxas, o Pai Bruxo e a Mãe Bruxa também eram conhecidos como o Diabo e a Rainha de Elfame. O Diabo, neste caso, não é aparentado ao conceito cristão de Satanás, mas é um personagem folclórico visto como um amálgama de vários seres espirituais amontoados juntos por perseguidores antigos. Dentre muitas coisas, o Diabo folclórico é a encarnação da natureza, ao mesmo tempo calma e caótica. Ele é um metamorfo capaz de assumir muitos disfarces, um trapaceiro que pode ser contraditório em seus modos misteriosos. Ademais, ele é tanto o Portador da Luz, que concede a vida, quanto o Senhor do Túmulo, que proclama os mortos. A Rainha de Elfame é bastante similar, sendo tanto uma criadora como uma destruidora, conferindo vida ao mundo assim como dispondo os ossos dos mortos. Ela é uma iniciadora mágica, revelando a arte da bruxaria para todos aqueles que buscam seu poder. Além disso, e talvez acima de tudo, ela é a tecelã do destino, fiando os próprios fios da sorte sobre sua roda.

No Sabá das Bruxas, as divindades servem enquanto líderes e mestres da cerimônia, guiando as participantes através dos trabalhos mágicos e vigiando a festança selvagem. Em tal papel, as divindades podem ser honradas, gratidão pode ser expressa e laços podem ser fortalecidos. Além disso, é possível que novas divindades sejam encontradas e relacionamentos de trabalho inéditos sejam estabelecidos. Conforme o folclore, as divindades no Sabá podem fornecer experiências iniciáticas poderosas — incluindo despertar alguém a seus próprios poderes enquanto bruxa. Esses ritos profundos de transformação podem ocasionar intensa mudança emocional e espiritual dentro de alguém que tenha a chance de se submeter a eles. Além disso, tal como as histórias do Diabo instruindo as participantes do Sabá no uso de feitiços e encantos, as divindades agem como conselheiras nos caminhos do ofício. Por meio de tais interações você poderá aprender novas habilidades ou técnicas para trabalhar a sua determinação mágica — não apenas para abençoar, como também para amaldiçoar, conforme for mais adequado.

Bruxas

No folclore, uma grande parte da comitiva do Sabá foi composta pelas próprias bruxas. Assim, ao comparecer ao Sabá hoje, você se encontrará em meio a formas espirituais de muitas delas. O papel dessas bruxas, assim como o do coven folclórico, é fornecer apoio e assistência nos trabalhos mágicos. Cada uma empresta força e poder aos feitiços ou rituais em questão, criando uma chance ampliada de sucesso. É também possível que esses espíritos possam oferecer uma sensação de pertencimento e conexão com a comunidade ocultista, em especial às pessoas que estiverem desprovidas de tais relacionamentos no mundo desperto. De qualquer forma, ter o auxílio dessas bruxas é inestimável, e trabalhar ao lado delas pode se revelar uma experiência consideravelmente emocionante. Mas a questão permanece: quem são essas tais bruxas? Serão elas de todo o mundo? Serão elas espíritos de bruxas falecidas? Todas as opções podem muito bem ser verdade. Na maior parte, contudo, as outras bruxas serão irreconhecíveis a você. Talvez em razão do sigilo inato ao Sabá, a verdadeira identidade das participantes é obscurecida por algum tipo de encantamento.

Dito isso, é possível que, de vez em quando, você veja aleatoriamente alguém conhecido do mundo terreno entre o coven de bruxas no Sabá. Contudo, em minha experiência, isso é bastante raro. Você pode tentar sincronizar a jornada ao Sabá com outra bruxa — ou até mesmo com um coven inteiro — na esperança de se reunirem no Outro Mundo. Se você tiver a oportunidade de praticar com outras bruxas, isso pode ser uma façanha incrível para se tentar! Para fazê-lo, você e a(s) outra(s) deverão coordenar o momento da visita ao Sabá. Como planejar que a jornada comece em um horário específico, no qual todas as participantes iniciam o processo ritual. Além disso, se houver um objetivo ou uma intenção particular para o encontro no Sabá, tal como um trabalho mágico específico, todas as participantes deverão estar alinhadas nisso. Uma vez lá, você precisará enfocar a imagem da outra bruxa ou das outras bruxas com as quais você estiver associada, invocando seus espíritos. Se forem bem-sucedidas,

O *Círculo do Sabá*   145

vocês se encontrarão e serão capazes de trabalhar juntas no Sabá. Se não conseguirem localizar uma à outra, não desanimem! Continuem com suas jornadas no Sabá conforme elas se desenrolarem naturalmente e tentem de novo em outro momento. Ademais, mesmo que você seja capaz de encontrar suas colegas bruxas no Sabá, não se surpreenda se mais adiante descobrir que tais experiências foram completamente diferentes.

Espíritos Familiares

Hoje, o termo *familiar* é popularmente utilizado por bruxas para descrever um animal de estimação corporificado na forma física e que apresenta uma curiosidade mágica particular. Contudo, em conformidade ao folclore, as bruxas tradicionais trabalham com familiares enquanto espíritos presentes na forma incorpórea. Como observado no capítulo anterior, a natureza exata dos espíritos familiares pode ser difícil de determinar. São fadas? Fantasmas? Demônios? O elemento crucial é que o termo *espírito familiar* funciona mais como um conceito guarda-chuva, englobando diversos seres sobrenaturais diferentes, independentemente do tipo específico, com os quais as bruxas estabelecem relacionamentos íntimos de trabalho. O vínculo entre uma bruxa e seu familiar pode assumir muitas formas, com o último atuando enquanto servo, amigo, parceiro ou mesmo professor. Assim como ocorre no folclore, uma bruxa pode receber um espírito familiar de várias maneiras, incluindo por meio da intercessão de uma divindade ou espírito superior, sendo passado adiante ou recebido por herança de alguma outra praticante, ou com o familiar aparecendo por conta própria. Além disso, também é possível para uma bruxa invocar um espírito familiar por meio do uso de certos feitiços ou rituais (ver páginas 110-112 de *The Crooked Path*). Se você não possuir um espírito familiar, mas desejar trabalhar com um, terá grandes chances de encontrá-lo no Sabá.

No geral, o papel do espírito familiar em relação ao Sabá das Bruxas é de guia ou transporte. Embora não seja uma necessidade inerente, ter um para lhe ajudar a navegar em seu caminho até o Outro Mundo e ao Sabá pode ser bastante vantajoso. Assim como as bruxas do folclore cavalgando sobre ou ao lado de familiares, as praticantes modernas podem rogar ao espírito atendente para que carreguem sua forma espectral pelo ar noturno até o território do Sabá à espera. Para fazer isso, você simplesmente precisará comunicar tal desejo ao espírito familiar, que você gostaria que ele lhe ajudasse a transportar o seu espírito até uma localidade intencional do Outro Mundo, em específico, o Sabá das Bruxas. Isso pode ser feito antes de se empenhar no voo do espírito, ou após você já ter cruzado a cerca. Dependendo do aspecto adotado pelo espírito familiar, você poderá cavalgar em suas costas ou voar ao lado deles em algum outro suporte, tal como uma vassoura ou um forcado.

O Belo Povo

No Sabá, você também poderá encontrar com o Belo Povo, as fadas. Talvez você até mesmo se encontre em um Sabá de Fadas. Independentemente, é vital compreender que essas não são as fadas conforme retratadas popularmente hoje — diminutas criaturas do amor e da luz, com asas diáfanas. Em vez disso, são as mesmas fadas segundo o folclore. Elas surgem em muitos tamanhos e formatos e podem muito bem parecer humanas, a despeito de alguns elementos de Outro Mundo, tais como roupas fora de moda ou extravagantes e um brilho leve e celeste. E ainda, é absolutamente imperativo estar ciente de que o Belo Povo é amoral, e as fadas são, portanto, capazes tanto de ajudar como de machucar seres humanos, conforme acharem adequado. A intenção com isso não é assustar você, e sim advertir para que tome cuidado ao se aproximar de uma fada, pois elas podem não estar sempre com o melhor interesse em mente. Dito isso, o folclore não mostra as bruxas tendo um relacionamento com o Belo Povo que seja consideravelmente diferente daquele entre os indivíduos comuns e as fadas. E se você acabar encontrando com fadas no Sabá das Bruxas, ou mesmo participar de um Sabá de Fadas, o provável é que isso ocorra em razão do interesse delas em trabalhar com você. Embora ainda seja aconselhável prosseguir com cuidado, acredito que isso seja um sinal de benevolência da parte do Belo Povo. Discutirei maneiras de se envolver com os espíritos de forma segura, incluindo as fadas, mais adiante neste capítulo.

As fadas no Sabá operam como as outras bruxas, fornecendo assistência mágica nos encantamentos e rituais. Como elas são naturalmente talentosas, com *glamour* e encantamentos, essas são áreas em particular nas quais podem oferecer assistência no Sabá. Somando-se ao trabalho mágico, o Belo Povo contribui muito em termos de celebração, com músicas encantadoras e danças animadas. No entanto, esteja ciente de que o folclore alerta contra comer ou beber qualquer coisa dada a você por uma fada, pois acredita-se ser uma armadilha imediata para que passe a servi--las. Embora as bruxas possam ter um diálogo melhor com o Belo Povo do que a maioria, ainda assim eu não arriscaria minha liberdade de escolha juntando-me à mesa do banquete delas.

Ancestrais

Embora sejam raramente incluídos no folclore, outros espíritos possíveis de serem encontrados no Sabá das Bruxas são os ancestrais. Eles são os espíritos de humanos falecidos, em especial aqueles com os quais compartilhamos algum tipo de relacionamento. Quando pensamos em espíritos ancestrais, vêm logo à mente aqueles indivíduos com os quais compartilhamos uma conexão biológica, tais como avós, bisavós e assim por diante, estendendo--se no passado, até as profundidades desconhecidas da história. Contudo, esse não é o único tipo de espírito ancestral, e não é necessário compartilhar sangue para ser considerado como tal. Veja, por exemplo, a importância de uma família adotiva ou escolhida. Além disso, temos ancestrais baseados no solo, ou os espíritos das pessoas que viveram no local antes de você. Para as bruxas, também consideramos as *poderosas mortas*, ou os espíritos de outras praticantes mágicas que passaram para além do véu. Em relação ao Sabá, as demais bruxas encontradas lá podem realmente ser uma delas. Existem muitos outros tipos de espíritos ancestrais, além do escopo do que pode ser abordado aqui. Se você não souber os nomes específicos dos seus ancestrais, está tudo bem! Você pode se referir a eles apenas como "ancestrais desconhecidos" ao se comunicar. Além disso, se você tiver alguns problemáticos com os quais não quer se encontrar, não precisa fazê-lo, e pode focar a atenção em outra direção.

Nossos ancestrais, sejam os familiares, os baseados no solo ou os espirituais, são guardiões da sabedoria antiga. São arautos da história e do conhecimento, elos em uma corrente que se estende no tempo para trás e para a frente. Como todos os outros tipos de espíritos, temos a habilidade de nos conectar e nos comunicar com nossos ancestrais a qualquer momento e em qualquer lugar. Ainda assim, temos maior acesso a eles enquanto estamos no Outro Mundo, e ainda mais no Sabá das Bruxas. Existem numerosas formas pelas quais você pode se envolver com eles enquanto estiver no Sabá, incluindo conhecer membros desconhecidos de sua árvore genealógica, trabalhar na cura de trauma intergeracional, obter bênçãos e proteção, e oferecer reverência e honra.

Envolvimento com os Espíritos do Sabá

É inevitável encontrar espíritos no Sabá, sejam eles de qual tipo forem. Afinal de contas, desenvolver relacionamentos significativos com diferentes espíritos é um dos muitos propósitos para essas invocações do Outro Mundo. A primeira coisa a se saber ao proceder no estabelecimento dessas relações é que isso um processo não muito diferente do que atravessamos quando conhecemos pessoas novas no mundo físico. Como tal, envolver-se com espíritos não precisa ser complicado demais; porém, deve ser feito com plena atenção e respeito. Por mais desanimador que seja, é crucial saber que nem todos os espíritos agirão em seu benefício. Muitos deles abrigam sentimentos benéficos em relação à humanidade, mas outros podem ser ambivalentes ou mesmo hostis. Dito isso, para reforçar sua segurança ao encontrar-se com espíritos, é essencial adquirir um profundo conhecimento e compreensão tanto sobre eles quanto sobre você mesma.

Conhecendo-os

Antes de mais nada, é vital saber sobre o tipo de espírito com o qual você está interagindo. Trata-se de uma divindade, um familiar ou um ancestral? Talvez seja de um tipo diferente, não discutido nas páginas deste livro? Mesmo dentro de uma certa categoria de tipo espiritual, existem muitas subcategorias diferentes. Por exemplo, há diversos tipos de fadas e cada uma delas tem seus próprios traços únicos de personalidade e virtudes mágicas. Para obter este conhecimento, é importante pesquisar bastante. Leia livros a respeito de diferentes seres do Outro Mundo (veja a leitura recomendada e a bibliografia ao final do livro), incluindo compêndios de espíritos, antologias sobre folclore e até mesmo contos de fadas. Preste atenção ao temperamento de cada espírito, suas peculiaridades, gostos e desgostos e atitude geral dele em relação aos humanos. Além disso, compreenda que cada tipo de espírito muitas vezes tem os próprios sinais verdes e vermelhos conforme a cultura de onde se originam. Conhecer os maneirismos apropriados para usar ao se aproximar deles pode impedir que você os ofenda e, potencialmente, lhe coloque em uma posição perigosa. É claro, também há espíritos que, por qualquer razão, não desejarão interagir com você. Embora a presença deles no Sabá seja um bom indicador disso, nem sempre será esse o caso. Independentemente das razões deles, é aconselhável que você respeite esses limites e siga em frente.

Conhecendo a Si Mesma

Ao mesmo tempo em que é pertinente ter conhecimento sobre os espíritos encontráveis no Sabá, é importante conhecer a si mesma. Em específico, é necessário ser honesta consigo mesma em relação ao seu nível de habilidade. Quando você é nova no trabalho com espíritos, é prudente fazê-lo devagar. Não aborde ou tente trabalhar com espíritos que você não conheça ou com aqueles com os quais não esteja confortável. Embora haja muito a ser dito sobre desafiar a si mesma e sair da própria zona de conforto, também é uma boa prática conhecer e respeitar os seus limites.

Não há necessidade de se apressar em direção a algo para o qual você não está preparada. Ademais, se um espírito lhe abordar, saiba que você não é obrigada a lhe responder. Embora seja importante nunca deixar o respeito de lado, se um deles se aproxima de você e isso lhe causa uma sensação ruim, é inteiramente válido dar-lhe as costas. A dica é pertinente ainda caso um espírito faça uma solicitação que você considere inapropriada ou perigosa. Nesses casos, é aceitável pedir a ele, de forma polida, porém firme, para que se afaste. Se você estiver incerta a respeito das intenções dele, está tudo bem perguntar-lhe quais são, ou mesmo desafiá-lo. Se um espírito expressa querer lhe ajudar, como um caso típico, mas a oferta parece imprecisa, basta pedir-lhe detalhes específicos e recusar se achar as respostas inaceitáveis. Por fim, dependendo do tipo de espírito, se ele não respeitar os seus limites, você talvez precise bani-lo (veja o exercício a seguir) ou deixar o Sabá, retornando ao eixo do mundo.

EXERCÍCIO
Banindo um Espírito do Sabá

O método a seguir pode ser usado durante o Sabá com a finalidade de banir um espírito indisciplinado. Ele deve ser empregado apenas como última medida ou em casos extremos, pois pode perturbar a jornada como um todo e criar distúrbios relacionais com os outros espíritos presentes. Por sorte, é pouco comum haver a necessidade disso.

Para começar, dê um passo para trás em relação ao espírito que você pretende banir. Inspire fundo e sinta o poder mágico fluindo em seu âmago. Estenda a mão esquerda e com rapidez desenhe um pentagrama de banimento no espaço entre você e o espírito. Então, empurre a energia mágica desde o interior e projete-a através de suas mãos — ambos os braços estendidos para fora, palmas abertas e espalmadas — visualizando-a como uma luz colorida e brilhante. Permita que ela dissolva a forma do espírito, banindo sua presença. Quando sentir que ele se foi, visualize a luz retornando para as suas palmas. Finalize desenhando um pentagrama de banimento adicional no ar:

 EXERCÍCIO
Criando um Talismã Protetor

Outro meio de se manter em segurança durante o Sabá e no Outro Mundo como um todo é elaborando um talismã protetor.

Itens Necessários
Pequeno quadrado de tecido azul-escuro
Artemísia
Verbasco
Casca de cedro
Pedra na cor preta
Caneta ou marcador vermelho
Pedaço pequeno de pergaminho
Lanceta descartável (opcional)
Fio vermelho

Comece abrindo o pequeno quadrado de tecido azul. Pegue uma pitada de artemísia e peça a ela para ajudar a proteger seu corpo espiritual de danos. Coloque-a sobre o tecido. Em seguida, pegue uma pouco de verbasco e rogue por auxílio em fornecer visão nítida, para ajudar a identificar possíveis perigos ao redor quando estiver em sua jornada. Adicione o verbasco à artemísia sobre o tecido. Pegue uma pouco de cedro e peça para escoltá-la contra espíritos malévolos. Adicione-o junto as demais. Depois segure a pedra preta na mão e solicite auxílio em fornecer uma barreira protetora ao redor do seu espírito enquanto ele se move através do Outro

Mundo e no território do Sabá. Então, usando a caneta ou marcador vermelho, copie o sigilo a seguir no pedaço de pergaminho. Ele invoca proteção no Sabá, combinando os sigilos para o Mundo Superior, o Mundo do Meio e o Submundo, junto das runas Raidho e Algiz.

Pegue a lanceta e obtenha uma gota de sangue do seu dedão esquerdo, pressionando-o no centro do pentagrama, e assim selando o símbolo com sua essência. Se você não for capaz ou se sentir desconfortável em usar sangue, lamba o dedão esquerdo e marque o sigilo com saliva. Por fim, enrole o pergaminho e coloque-o sobre as ervas e a pedra, em cima do tecido.

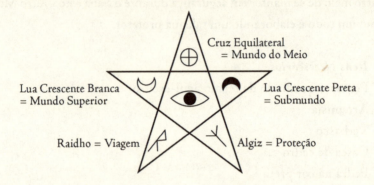

Finalize o amuleto puxando os cantos do tecido e amarrando-o com o fio vermelho. Deixe fio suficiente para usar o talismã em torno do pescoço. Amarre três nós para aumentar o poder. Segure o amuleto finalizado em suas mãos e sinta as virtudes das ervas, da pedra, do tecido, do fio, do papel e da tinta se fundindo e se mesclando com o seu próprio poder mágico. Quando sentir que as energias protetoras se alinharam, recite o seguinte encantamento:

Um amuleto mágico carrego comigo,
Para manter meu espírito a salvo do perigo.
Usando três nós, eu o amarrei,
E segura no Sabá eu estarei.

✦ EXERCÍCIO
Chamando um Espírito para o Sabá das Bruxas

Se houver algum espírito específico com o qual você gostaria de se encontrar no Sabá, esta invocação simples pode ser usada para encorajar sua presença. Por favor, observe que este feitiço é voltado a *encorajar*, e não *forçar*, um espírito a aparecer. Existem muitos motivos pelos quais um espírito não participaria de uma determinada reunião do Sabá, e é importante respeitar sua autonomia. Se você usar este feitiço e descobrir que o espírito ou os espíritos não compareceram, você terá de aguardar outro momento e tentar de novo.

Tentar coagir um espírito a encontrar com você é ao mesmo tempo tolice e prejudicial ao relacionamento de vocês.

O feitiço a seguir deve ser recitado antes de cruzar a cerca até o Outro Mundo, garantindo tempo para que o espírito receba o convite. Em sua mente, conjure a imagem do espírito, prestando atenção aos detalhes minuciosos da aparência dele. Uma vez que tiver o visualizado por inteiro, recite a invocação a seguir três vezes enquanto mentaliza as palavras flutuando como fumaça até o Outro Mundo, onde elas serão recebidas por seu alvo pretendido.

> *Através do céu, da terra e do mar,*
> *(Espírito), ouça, estou a lhe chamar.*
> *Invoco o seu nome; por favor, eu lhe convido*
> *No território do Sabá, encontre-se comigo!*

Ao terminar, você poderá então prosseguir com as outras preparações para o Sabá (as quais serão discutidas no capítulo 8).

CAPÍTULO 7

Rituais Malignos e Farras Devassas

Agora que já sentimos onde o Sabá está localizado, como viajar até lá e com quem nos encontraremos, é hora de fazermos uma última excursão até o passado, no intuito de examinar o folclore relacionado a quais eventos ocorrem lá. Desde a infame Missa Negra até danças espirituais circulares, o folclore do Sabá incluiu atos tanto de negócios como de prazer. Em geral, os encontros eram organizados em duas metades distintas, com negócios ocorrendo antes do prazer, ou vice-versa. Contudo, existem alguns relatos de Sabás contendo apenas um ou outro. Independentemente, as atividades no Sabá eram desempenhadas com a intenção de levar a cabo a agenda do Diabo: fortificar sua presença na terra, assim como disseminar a discórdia e o caos. Para esse fim, ele estava bastante interessado em usar essas reuniões como forma de recrutar novas bruxas, receber homenagens e incitar a blasfêmia. Além disso, como observado antes, o Diabo ativamente ensinou as bruxas a como fazer uso do mal. A despeito do fato de que ele às vezes as encorajava forçosamente para a perpetuação de ações malignas, as bruxas foram capazes e estiveram mais do que dispostas a usar tais habilidades para alcançar as próprias intenções malignas.

Excetuando as questões mais sombrias de negócios, os relatos do Sabá muitas vezes soavam bastante como festivais comunitários incontroláveis. De fato, é bastante provável que, para satisfazer os interrogadores, muitas das acusadas exageraram durante as confissões, reciclando memórias das reuniões mundanas de celebrações às quais elas haviam comparecido no passado. Como tal, os aspectos mais carnavalescos do Sabá das Bruxas incluíam banquetes, danças e músicas, assim como intercurso sexual. Embora esse divertimento tenha sido frequentemente manchado pela inclusão de atos diabólicos, como canibalismo e incesto, ele também continha uma sensação profunda e subjacente de liberdade, conforme as bruxas subvertiam os parâmetros repressivos da sociedade cristã. E ao se envolverem em atividades prazerosas, elas também se desfaziam de muitas das pressões de suas vidas mundanas e as trocavam por uma noite de encantamento e insensatez.

Iniciação

Acima de tudo, acreditava-se não haver nada que o Diabo gostasse mais do que corromper a população humana, conduzindo-a para longe da luz de Deus. Por essa razão, ele oficializava certos rituais por meio dos quais indivíduos se despiam da fé cristã anterior e adotavam o manto da bruxa. As motivações para as pessoas escolherem se alinhar com o Diabo refletiam as lutas cotidianas enfrentadas por elas. Jeanette Clerc explicou como o Diabo havia lhe prometido todo o dinheiro que ela poderia querer em troca de obediência.[01] Niclas Fiedler recebeu a garantia de que a esposa doente se recuperaria.[02] Mary Toothaker recebeu a promessa de que estaria segura dos ataques indígenas.[03] A Margaret Johnson foi dito que ela teria vingança contra qualquer um que ela desejasse.[04] Seja para obter dinheiro, saúde, proteção ou justiça, muitos motivos para se tornar uma bruxa foram

---

01 MONTER. *Witchcraft in France and Switzerland*, p. 56.

02 "The Confession of Niclas Fiedler at Trier, 1591". *In:* LEVACK, Brian P. (ed.). *The Witchcraft Sourcebook*. Londres: Routledge, 2015, p. 200.

03 "SWP No. 128: Mary Toothaker". *Salem Witch Trials Documentary Archive and Transcription Project*.

04 HARLAND; WILKINSON. *Lancashire Folk-Lore*, p. 193.

citados nas transcrições dos julgamentos. Embora os rituais de iniciação fossem uma parte do Sabá, eles também eram às vezes requisitados antes que uma bruxa recebesse permissão para comparecer. Em ambos os casos, esses ritos comumente incluíam um ou mais dos seguintes componentes: renúncia ao Deus cristão, juramento de fidelidade e batismo durante o qual a iniciada recebia uma marca especial e um novo nome.

Renúncias à Fé

Para que uma nova bruxa fosse recebida pelo Diabo, primeiro ela teria de renunciar o cristianismo com todo o coração. Sendo um ato de apostasia, a renúncia era expressa na forma verbal na presença do Diabo assim como das outras bruxas. No mínimo, a iniciada renunciaria ao Deus cristão, tal como Isabel Becquet, que confessou ter ajoelhado diante do Diabo e dito: "Renuncio a Deus Pai, Deus Filho e Deus Espírito Santo".[05] Johannes Junius, de Bamberg, Alemanha, relatou em confissão, em 1628, ter recitado o seguinte: "Renuncio a Deus no Paraíso e à sua hóstia, e daqui em diante reconheço o Diabo como meu Deus". Ele observou que, depois disso, as outras bruxas presentes o felicitaram em nome de Belzebu e comentaram que, a partir daquele momento em diante, todos se tornaram iguais.[06] Em outros casos, contudo, as bruxas renunciavam a diversos espíritos cristãos durante a iniciação. Wawrzyniec Dziad, de Jarocin, Polônia, confessou em 1719 ter renunciado a Deus, à Virgem Maria e a todos os santos.[07]

---

05 "The Confessions of Witches in Guernsey, 1617". In: The Witchcraft Sourcebook, p. 210-11.

06 "The Confessions of Johannes Junius at Bamberg, 1628". In: LEVACK, Brian P. (ed.). The Witchcraft Sourcebook. Londres: Routledge, 2015, p. 215-16.

07 WYPORSKA. Witchcraft in Early Modern Poland 1500–1800, p. 61.

Juramentos Verbais e Pactos Escritos

Após renunciar às crenças anteriores, as novas bruxas eram solicitadas a jurar fidelidade ao Diabo, que se tornaria seu mestre daquele ponto em diante. Como a renúncia, juramentos foram feitos muitas vezes por meio da expressão verbal. Walpurga Hausmännin confessou ter se ajoelhado diante do Diabo e dedicado a ele corpo e alma.[08] Em outras ocasiões, um pacto escrito era solicitado, embora isso fosse muito mais comum em situações nas quais o Diabo aparecia para uma aspirante a bruxa fora do Sabá. Contudo, as bruxas de Mora, na Suécia, confessaram ter feito pactos verbais e escritos com o Diabo durante a ida à Blåkulla. Nesse caso, as iniciadas cortavam os dedos e usavam o sangue para escrever seus nomes no livro. Em seguida, recebiam uma bolsinha contendo as "limalhas de um relógio", as quais elas atiravam em uma fonte de água próxima, repetindo as seguintes palavras: "Assim como essas limalhas de Relógio jamais retornarão ao Relógio de onde foram tiradas, minha Alma também jamais retornará ao Paraíso".[09]

Batismos Infernais, Marcas do Diabo e Nomes das Bruxas

Além das renúncias e juramentos, alguns rituais de iniciação também continham um tipo de batismo sombrio por meio do qual a iniciada formalmente recebia a nova identidade enquanto bruxa. Em alguns casos, tais batismos parodiavam a Igreja. É o que demonstra o relato de Mary Osgood, de Andover, em Massachusetts, que confessou em 1692 ter voado com três outras bruxas até um lago, onde o Diabo imergiu a face dela na água e a rebatizou.[10] Para aumentar o significado da transição, as novas bruxas recebiam

---

08 "The Confessions of Walpurga Hausmännin, 1587". *In*: LEVACK, Brian P. (ed.). *The Witchcraft Sourcebook*. Londres: Routledge, 2015, p. 194.

09 HORNECK, Anthony. "An Account of What Happened in the Kingdom of Sweden in the Years 1669, and 1670". *In*: GLANVILL. *Saducismus Triumphatus*, p. 321-22. Conforme apontado a mim por Val Thomas, a palavra sueca *klocka* pode significar tanto "relógio" como "sino". Dado que o folclore sueco menciona com frequência bruxas raspando limalhas de metal dos sinos das igrejas para variados propósitos, o mais provável é que aqui Horneck tenha errado na tradução da palavra.

10 "SWP No. 096: Mary Osgood". *Salem Witch Trials Documentary Archive and Transcription*.

Rituais Malignos e Farras Devassas

uma marca especial em seus corpos. Escrito em 1645 pelo pseudônimo "Autoridade", *The Lawes against VVitches, and Conivration* [As Leis contra as Bruxas e a Conspiração] descrevia como "o Diabo deixa outras marcas nos corpos delas, às vezes como um ponto azul ou um ponto vermelho, como uma mordida de pulga, às vezes a carne afundada e encovada".[11] Essas marcas eram tipicamente criadas pelo Diabo ao morder alguma área do corpo da bruxa. Jeanette Clerc declarou ter recebido sua marca quando o Diabo a mordeu no lado direito da face.[12] Ademais, a iniciada recebia um novo nome para substituir o que havia recebido em seu batismo cristão. Essa prática foi particularmente popular na Escócia, mas também foi encontrada em outros países. Na Alemanha, Walpurga Hausmännin confessou que, durante sua iniciação, foi rebatizada e recebeu o novo nome de Höfelin.[13]

Um relato célebre de uma iniciação que incorporou todos os três costumes — renúncia, juramento e batismo — vem das confissões de Isobel Gowdie. De acordo com a história dela, Gowdie se encontrou com o Diabo e outras bruxas durante a noite em uma igreja em Auldearn. Ao chegar, ela primeiro negou seu batismo cristão. Depois, agachando-se, ela colocou uma das mãos sobre a própria cabeça e a outra debaixo das solas dos pés. Nessa posição, ela prometeu ao Diabo tudo que estava entre suas duas mãos. Então uma integrante do coven, Margaret Brodie, apresentou Gowdie ao Diabo para o seu batismo infernal. Para isso, o Diabo marcou a mulher no ombro e sugou um pouco do sangue dela. Ele cuspiu o sangue em sua mão e então o aspergiu sobre a cabeça de Gowdie, proclamando: "Eu lhe batizo Janet!".[14]

---

11 AUTORIDADE. *The Lawes against VVitches, and Conivration.* Londres: R. W., 1645; Ann Arbor, MI: Text Creation Partnership, 2011, p. 4.

12 MONTER. *Witchcraft in France and Switzerland*, p. 56-57.

13 "The Confessions of Walpurga Hausmännin, 1587". In: *The Witchcraft Sourcebook*, p. 193-95.

14 PITCAIRN. *Ancient Criminal Trials in Scotland, vol. 3*, p. 603.

Blasfêmia e a Missa Negra

Atos de blasfêmia eram comuns dentre as tarefas mais formais concluídas pelas bruxas no Sabá. Eles não apenas provavam a aliança de uma bruxa ao Diabo, como também ajudavam a fortalecer seus poderes na terra. Feitos blasfemos incluíam amaldiçoar os nomes de espíritos cristãos e recitar orações incorretamente, assim como profanar objetos sagrados. Anne Armstrong relatou ter se sentado em torno de uma pedra com um grupo de outras bruxas e se curvado para a frente enquanto recitava o Pai-Nosso ao contrário.[15] Walpurga Hausmännin e as demais presentes no encontro se dedicaram a pisotear um ostensório assim como uma imagem da cruz sagrada.[16] Às vezes, atos mais cerimoniais de blasfêmia eram relatados, em específico, os que parodiavam rituais da Igreja Católica. Popularmente conhecidas como a *Missa Negra*, essas cerimônias envolviam a inversão de elementos cristãos. Sobre o tema, Boguet escreveu que: "Às vezes, de novo, elas [bruxas] rezam a Missa no Sabá. Mas não consigo escrever sem me horrorizar com o modo pelo qual elas a celebram".[17] A aparição das Missas Negras nas narrativas do Sabá foi mais comum em países que estavam próximos do Sacro Império Romano. Assim, as descrições mais detalhadas dessas missas vêm dos relatos das acusadas de bruxaria na Espanha.

De acordo com as espanholas acusadas de bruxaria, elas depositavam sobre um altar imagens do Diabo assim como um cálice, hóstias, um missal, galhetas e vestes, as quais eram descritas como feias, escuras e sujas. O Diabo fazia um sermão no qual ele decretava que as bruxas não deveriam reconhecer mais nenhum deus além dele mesmo. Ele as assegurava que seria seu salvador e as entregaria ao paraíso. Ademais, ele declarava que, embora as bruxas fossem passar por dificuldades, no pós-vida ele lhes garantiria repouso. Donativos eram oferecidos, incluindo pães e ovos, antes de as bruxas beijarem o Diabo na mão esquerda, no peito, nas partes íntimas e no traseiro.

---

15 HOLE. *Witchcraft in England*, p. 125.

16 "The Confessions of Walpurga Hausmännin, 1587", p. 195.

17 BOGUET. *An Examen of Witches*, p. 60.

Depois o Diabo elevava "algo ao redor, como a sola de um sapato", sobre a qual estava pintada uma imagem de sua face. Durante esse momento, o coven entoava "*Aquerragoiti, aquerrabeiti*" ou "Acima com o bode, abaixo com o bode". Por fim, a comunhão era administrada, consistindo em um pedaço de alimento preto bastante seco e duro de engolir acompanhado de um gole de uma bebida tão amarga que congelava o coração das bruxas.[18]

Malefício

Além dos ritos de iniciação e dos atos de blasfêmia, o Sabá era um momento dedicado para a execução do malefício. Uma mulher anônima de Eichstätt confessou que, no Sabá, as bruxas não apenas blasfemavam contra o Deus cristão, mas também planejavam como cometer atos perniciosos de magia.[19] Em muitos casos, as bruxas eram solicitadas para relatar ao Diabo a destruição que haviam causado desde o encontro anterior. O que é citado na confissão de Agnes Sampson, onde reveleou que, no início do encontro, o Diabo exigiu saber se as bruxas haviam mantido suas promessas e sido boas servas, perguntando em específico quais atos de malefício haviam cometido desde que haviam se reunido pela última vez.[20] Durante esses relatos, qualquer bruxa que tivesse sido encontrada negligenciando os deveres era punida em conformidade à negligência. Remy observou em sua escrita que o Diabo "desafogava sua terrível ira sobre aquelas que não conseguissem apresentar provas de que tinham aumentado seus crimes e perversidades".[21] Boguet explicou ainda que as bruxas que aparentassem estar se esquivando das responsabilidades eram insultadas verbal e fisicamente pelo Diabo, assim como pelas demais integrantes do coven.[22] No geral, o malefício encenado no Sabá pode ser dividido em duas categorias: danos a animais e humanos e a destruição de colheitas e bens materiais.

18 FRÍAS. "An Account of the Persons at the Auto de Fe". In: *The Salazar Documents*, p. 120-22.
19 "The Witch-Hunt at Eichstätt". In: *The Witchcraft Sourcebook*, p. 224.
20 PITCAIRN. *Ancient Criminal Trials in Scotland, vol. 1*, p. 239.
21 REMY. *Demonolatry*, p. 68.
22 BOGUET. *An Examen of Witches*, p. 59.

Danos a Animais e Humanos

No folclore, causar dano a animais e humanos se destacava como um ponto alto do poder de uma bruxa, e foi uma das atividades do Sabá popularmente citadas. Por exemplo, Margaret Johnson confessou que ela e as outras bruxas presentes no Sabá consultavam sobre a caça e o assassinato de homens e de bestas.[23] Em muitos casos, o indivíduo que se tornava recebedor do malefício era alguém que havia sido considerado um inimigo, seja pelo Diabo ou por uma das bruxas. Para castigar seus adversários, as bruxas miravam nesses indivíduos de forma direta ou indireta, ao atacar familiares e animais. O dano causado poderia variar desde doenças até a morte, e era produzido por meio da implementação de unguentos e pós venenosos, ou com o uso de bonecas e outras imagens criadas à semelhança da vítima.

A criação e a troca de unguentos e pós venenosos era uma ocorrência comum no Sabá, e remontam até as acusações antigas interpostas contra leprosos e judeus. Essas substâncias tóxicas eram confeccionadas de modo que as bruxas fossem capazes de usá-las para prejudicar os outros — vítimas escolhidas pelo Diabo ou pela própria bruxa. Uma receita antiga para tais venenos pode ser encontrada em *Errores gazariorum*, o qual descrevia um unguento feito da gordura de crianças com cobras, sapos, lagartos e aranhas. O autor observou que, se alguém fosse infeliz o bastante para tocar nesse unguento, para a qual não havia remédio, morreria de forma deveras dolorosa.[24] Em Guernsey, Collete Du Mont confessou que, no Sabá, o Diabo encorajou-a a cometer diferentes atos de maldade e lhe deu um pó preto, o qual ela poderia atirar em pessoas e no gado — presume-se que para causar-lhes doenças ou mesmo a morte.[25] A francesa Marie d'Aspilcoutte relatou em confissão que as bruxas em seu coven esfregavam as mãos com um unguento verde, e, depois, qualquer um que

23 HARLAND; WILINSON. *Lancashire Folk-Lore*, p. 198.
24 ANÔNIMO. "The Errores Gazariorum". *In*: KORS, Alan Charles; PETERS, Edward (eds.). *Witchcraft in Europe: 400–1700*. Filadélfia: University of Pennsylvania, 2001, p. 161.
25 "The Confessions of Witches in Guernsey, 1617". *In*: *The Witchcraft Sourcebook*, p. 211.

elas tocassem morreria ou cairia enfeitiçado e desgraçado para o resto da vida. D'Aspilcoutte observou que esse unguento era tão tóxico que as bruxas tinham de lavar as mãos com uma água especial em no máximo duas a três horas, ou elas mesmas sofreriam.[26] Duas acusadas de bruxaria, Madeleine Merlou e Anthonia Preudhon, de Peseux, Suíça, confessaram em 1583 que, no Sabá, o Diabo lhes dera algumas ervas com as quais elas criaram uma graxa venenosa. Tal graxa foi depois esfregada em janelas e portas, para que qualquer um azarado o bastante para tocá-las ficasse doente e morresse.[27]

Outro método pelo qual seria possível causar dano, em específico contra humanos, era pelo uso de *bunecos* — imagens criadas para representar certa pessoa. Pensava-se que o dano infligido a eles se manifestaria depois no alvo pretendido. Para isso, os bunecos eram comumente espetados com objetos afiados, como alfinetes ou espinhos, ou assados lentamente sobre o fogo. Essas imagens eram fornecidas pelo Diabo ou por outras bruxas. Como tal, dizia-se que no encontro de bruxas em Salem, George Burroughs forneceu às outras bruxas bunecos e espinhos para espetá-los para afligir outras pessoas.[28] Além disso, algumas bruxas até mesmo traziam bunecos pré-prontos ao Sabá com a intenção de torná-los empoderados pelo Diabo. Elizabeth Style afirmou em confissão que Alice Duke trouxera uma imagem feita de cera ao Sabá. O Homem de Preto tomou-a dela e ungiu a testa da boneca, dizendo: "Batizo-lhe com este Óleo". As integrantes do coven então prosseguiram espetando a imagem com espinhos, picando o pescoço, punhos, dedos e outras partes. Mais adiante em sua confissão, Style observou que, quando o coven usava tais imagens, às vezes diziam as palavras: "Eu te adoeço, eu te aborreço".[29]

---

26 DE LANCRE. *On the Inconstancy of Witches*, p. 150.

27 MONTER. *Witchcraft in France and Switzerland*, p. 94.

28 MATHER, Cotton. "Wonders of the Invisible World". *In*: BURR, George Lincoln (ed.). *Narratives of the New England Witchcraft Cases*. Mineola, NY: Dover Publications, 2012, p. 219.

29 GLANVILL. *Saducismus Triumphatus*, p. 139.

Destruição de Colheitas e Bens Materiais

Secundário ao dano infligido a humanos e animais, a destruição mágica de colheitas e de outros bens materiais (em especial leite, cerveja e vinho) foi também uma forma rotineira de malefício executado no Sabá, como demonstra o relato de Niclas Fiedler, que confessou que ele, junto de outros que haviam estado presentes no Sabá, tramaram destruir as plantações locais de vinho e grãos.[30] Essa forma particular de malefício era especialmente importante porque devastar o campo ou deteriorar os bens de alguém significava obliterar suas condições de vida e reduzir suas chances de sobrevivência em razão da pobreza e da fome resultantes. Assim, outro jeito poderoso de uma bruxa causar dano a um inimigo seria focar em suas colheitas e bens materiais. Contudo, em algumas regiões, parece que essa destruição era feita mais sob as ordens do Diabo e menos por causa das motivações das próprias bruxas. Na França, por exemplo, onde os covens eram muitas vezes compostos de bruxas de diferentes classes socioeconômicas, as que eram pobres lamentavam as ordens do Diabo de arruinar plantações, em razão do medo de que seus próprios campos fossem arruinados no processo. Assim, Claudette Delat confessou em 1608 ter implorado ao Diabo para que poupasse os grãos, pois ela era pobre e se preocupava que poderia passar fome como resultado da destruição.[31]

Os métodos pelos quais a destruição de plantações era alcançada tiveram alta variação conforme a região; porém, tendiam a incluir contaminação e conjuração de mau tempo. O primeiro *modus operandi* solicitava o uso de substâncias nocivas, fluidos corporais ou venenos sendo espalhados sobre os campos ou adicionado aos bens materiais. Como exemplo, a polonesa acusada de bruxaria Marusza Staszkowa confessou ter sido ensinada a usar cinzas de cavalo para arruinar a cerveja.[32] Dizem que as espanholas acusadas de bruxaria faziam pós feitos de sapos, cobras, lagartos, lesmas, caracóis e bolas de papoula. Dizia-se que elas os levavam aos picos mais altos,

---

30 "The Confession of Niclas Fiedler at Trier, 1591". *In: The Witchcraft Sourcebook*, p. 201.

31 BRIGGS. *The Witches of Lorraine*, p. 138.

32 WYPORSKA. *Witchcraft in Early Modern Poland 1500–1800*, p. 183.

Rituais Malignos e Farras Devassas 165

onde os espalhavam sobre as plantações, atirando-os sobre os ombros com a mão esquerda, enquanto o Diabo rogava: "Que tudo se perca!". As bruxas repetiam essas palavras, acrescentando: "Que as minhas se salvem!".[33] Em relação ao mau tempo, acreditava-se que as bruxas tinham a habilidade de invocar condições desfavoráveis, em especial granizo. Niclas Fiedler comentou em sua confissão que as mulheres em seu coven sabiam como destruir o milho invocando uma tempestade, o que elas faziam batendo na superfície de um córrego em nome do Diabo.[34] Além disso, Marie d'Aspilcoutte mencionou como seu coven atirava um pó especial na névoa que subia do mar ou descia das montanhas. Ele se misturava com as nuvens e se transformava em neblina ou chuva que, então, arruinava as plantações locais.[35]

No entanto, embora os campos mirrassem, esse malefício não se limitava à devastação total. Remy observou que, entre os atos perversos que o Diabo ensinava às bruxas, estava a habilidade de encantar as plantações para sumirem do campo de outra pessoa.[36] Novamente acrescentando mais detalhes, Boguet explicou como "dizem que as bruxas, com a ajuda de seu Mestre, esbulham as frutas de um campo e as transferem para outro".[37] Um exemplo primordial vem da confissão de Isobel Gowdie, que relatou como seu coven executava um ritual no qual um arado, conduzido por sapos, era usado para roubar a colheita de um campo, deixando nada além de cardos e sarças no lugar.[38] Além disso, Gowdie detalhou um método usado para roubar o leite das vacas ao trançar o rabo delas "do jeito errado" (provavelmente usando a mão esquerda sobre a direita), puxando-o para a frente por entre as patas traseiras e para fora por entre as dianteiras.[39] E, como observado antes, as bruxas não hesitavam em invadir as casas de pessoas que estavam dormindo para roubar alimentos e bebidas.

33 FRÍAS. "An Account of the Persons at the Auto de Fe". In: *The Salazar Documents*, p. 126.
34 "The Confession of Niclas Fiedler at Trier, 1591". In: *The Witchcraft Sourcebook*, p. 202.
35 DE LANCRE. *On the Inconstancy of Witches*, p. 150.
36 REMY. *Demonolatry*, p. 68.
37 BOGUET. *An Examen of Witches*, p. 97.
38 PITCAIRN. *Ancient Criminal Trials in Scotland*, vol. 3, p. 603.
39 Ibidem, p. 605.

Banquetes

O Sabá com frequência incluía algum tipo de celebração, fosse um banquete completo ou uma simples refeição compartilhada entre algumas bruxas. Em épocas como essa, nas quais muitas pessoas lutavam para conseguir satisfazer as próprias necessidades, esses jantares no Outro Mundo talvez representassem uma fantasia de satisfação nutricional. Os banquetes costumavam ocorrer mais para o final do Sabá, embora isso não tenha sido uma regra. Em certo caso, Ann Foster confessou que as bruxas de seu coven faziam um piquenique debaixo de uma árvore antes do encontro.[40] Durante a refeição, o Diabo sempre se sentava na ponta da mesa. De novo, era comum que alguém do coven fosse selecionada para se sentar ao lado dele, em regra com base na beleza ou destreza enquanto bruxa. Às vezes, uma oração era entoada por alguma das bruxas ou pelo próprio Diabo antes de comerem. Isobel Gowdie forneceu um exemplo completo de tal bênção ao explicar como Alexander Elder fora escolhido para recitar essa graça antes da refeição:

> *Nós comemos esta carne em nome do Diabo,*
> *Com grande vergonha, tristeza e lamento;*
> *Destruiremos casas e propriedades;*
> *Tanto ovelhas quanto bodes aguardam o momento.*
> *Pouca coisa boa advirá*
> *Do que resta do empreendimento!*[41]

A comida e a bebida no Sabá poderiam ser fornecidas de duas formas. Primeiro, a refeição sendo oferecida pelo próprio Diabo. Esse foi o caso em um dos Sabás frequentado por Elizabeth Style, que confessou que o

---

40 HALE, John. "Modest Inquiry into the Nature of Witchcraft". *In:* BURR, George Lincoln (ed.). *Narratives of the New England Witchcraft Cases.* Mineola, NY: Dover Publications, 2012, p. 418.

41 PITCAIRN. *Ancient Criminal Trials in Scotland, vol. 3,* p. 612.

Homem de Preto ofertou ao coven vinho, bolos e carne assada.[42] Segundo, as bruxas poderiam trazer a comida e a bebida, seja de seu próprio suprimento ou roubada dos vizinhos. Ann Foster confessou que, quando ia ao encontro, trazia pão e queijo de casa, os quais ela carregava no bolso.[43] Enquanto isso, Helen Guthrie relatou como algumas pessoas de seu coven traziam cerveja para o Sabá, que haviam roubado de um cervejeiro local.[44] Independentemente de como fora obtida, a comida e a bebida no Sabá variavam em conteúdo e sabor — indo desde deliciosa até repugnante. Por vezes, a comida era às vezes descrita como bastante ordinária ou mesmo esplêndida. Anne Armstrong testemunhou que as provisões em uma reunião consistiam em capões cozidos, carne de gado, manteiga, queijo e vinho.[45] As acusadas de bruxaria de Mora, na Suécia, participaram de um banquete com caldo de repolho e bacon acompanhado de mingau de aveia, fatias de pão com manteiga, queijo e leite.[46]

Por outro lado, em alguns casos, a comida e a bebida foram descritas como pouco apetitosas e até mesmo difíceis de consumir. Isso ocorria em particular quando o Diabo preparava o banquete. Nicolas Remy declarou que "todos os que tinham sido honrados em sua mesa [do Diabo] confessavam que as refeições eram tão repulsivas na aparência ou no cheiro que nauseavam o estômago mais faminto e mais ganancioso".[47] A natureza desagradável da refeição muitas vezes se devia a ser mal preparada, ou por consistir em ingredientes nocivos. A polonesa Anna Jasińska confessou que, no Sabá, elas comeram excrementos de cavalo e beberam urina do animal.[48] A bruxa anônima de Eichstätt relatou que havia muito para

---

42 GLANVILL. *Saducismus Triumphatus*, p. 138.

43 HALE. "Modest Inquiry Into the Nature of Witchcraft", p. 418.

44 KINLOCH. *Reliquiae Antiquae Scoticae*, p. 121.

45 HOLE. *Witchcraft in England*, p. 124-25.

46 HORNECK. "An Account of What Happened in the Kingdom of Sweden in the Years 1669, and 1670". *In*: GLANVILL. *Saducismus Triumphatus*, p. 322.

47 REMY. *Demonolatry*, p. 57.

48 WYPORSKA. *Witchcraft in Early Modern Poland 1500–1800*, p. 39.

comer e beber no Sabá, incluindo assados e ensopados servidos em pratos verdes. Contudo, ela observou que a comida era insípida, bolorenta, completamente preta, muito doce, indistinguível e mal preparada.[49]

Somando-se à comida que ou não tinha gosto ou causava náuseas, também diziam que a refeição do Sabá jamais satisfazia a fome ou a sede de uma bruxa. Remy observou que bruxas sempre deixavam a mesa tão famintas quanto antes de terem ido até ela. De fato, ele acreditava que o banquete não passava de um sonho ou de uma ilusão.[50] A francesa Clauda Vuillat confessou que seu coven não comia nada além de vento no Sabá.[51] De Lancre escreveu que "se qualquer um quisesse uma boa carne, não tocaria em nada sólido e não encontraria nada além de ar".[52] Mais tarde, ele lançou a hipótese de que a natureza insatisfatória ou ilusória da refeição do Sabá era na verdade causada por Deus, que não queria que a comida operasse como tentação para os humanos.[53] Como mais um exemplo da animosidade entre Deus e o Diabo, este último não permitia sal na mesa do Sabá. Boguet explica que isso era devido ao ódio do Diabo em relação a todas as coisas sagradas, pois o sal era um componente comum nos ritos batismais. Além disso, ele levantou a hipótese de que, em razão de o sal ser visto como símbolo de sabedoria, o próprio Deus não o permitia no Sabá, como forma de mostrar às bruxas que suas ações pecaminosas eram, acima de tudo, incrivelmente tolas.[54]

49 "The Witch-Hunt at Eichstätt". *In: The Witchcraft Sourcebook*, p. 223.
50 REMY. *Demonolatry*, p. 59.
51 BOGUET. *An Examen of Witches*, p. 58-59.
52 DE LANCRE. *On the Inconstancy of Witches*, p. 211.
53 Ibidem, p. 214.
54 BOGUET. *An Examen of Witches*, p. 58.

Canibalismo

Em trilhas mais sombrias, diziam que o banquete do Sabá às vezes implicava em cozinhar e consumir carne humana. Nesses casos, acreditava-se que as bruxas gostavam de um bufê horripilante, consistindo em bebês não batizados e partes de corpos roubados de covas recém-cavadas. A inclusão da prática de consumir outros indivíduos da mesma espécie na narrativa do Sabá não surpreende, considerando o seu desenvolvimento inicial. Recorde o fato de que o canibalismo estava entre as acusações encaradas por vários grupos de pessoas — incluindo seitas heréticas que mais tarde ficariam associadas à bruxaria. Além disso, como demonstrado com as estrigais, a bruxa canibalesca já havia se tornado um tropo bem estabelecido na mitologia e no folclore. Assim, é provável que tenha sido por esses dois canais que a temática encontrou seu caminho até os relatos do Sabá. Contudo, embora as menções de canibalismo não fossem raras, eram infrequentes.

Dos escritores populares no tema da bruxaria, a maioria apenas fez breves menções de bruxas jantando partes do corpo humano — em especial, ao se comparar com a extensão na qual discutiram outras questões. Por exemplo, Nicolas Remy fez uma menção rápida de uma mulher chamada Dominique Isabelle, que confessou em 1583 que as mesas no Sabá eram às vezes cobertas com carne humana.[55] Mesmo Heinrich Kraemer fez pouca referência a canibalismo no *Malleus Maleficarum*. Sobre o tema, ele escreveu que "certas bruxas, contra o instinto da natureza humana, e de fato contra a natureza de todas as bestas, com a possível exceção dos lobos, têm o hábito de devorar e comer crianças pequenas". Ele então citou a história do inquisidor de Como, que declarava ter sido invocado pelos habitantes do Condado de Barby após um homem ter descoberto que seu filho fora morto e devorado por um grupo de mulheres durante

---

55 REMY. *Demonolatry*, p. 58.

a noite.[56] Também houve relatos de banquetes no Sabá escritos por outros autores, tais como Henry Boguet e Jean Bodin, nos quais os atos de canibalismo estão ausentes.

Em um caso raro, o canibalismo foi parar em uma confissão escocesa, quando Helen Guthrie admitiu que ela e outras integrantes do coven devoraram um bebê não batizado. O interessante é que Guthrie explicou que isso fora feito no intuito de que nenhuma delas jamais fosse capaz de confessar sua bruxaria — ato que remete à ideia de que seitas heréticas iludiam as iniciadas em atos de infanticídio como forma de assegurar sua fidelidade.[57] No entanto, são as histórias da região basca que nos oferecem a maior quantidade de informação relacionada ao canibalismo no Sabá das Bruxas. Do lado francês, Pierre de Lancre relatou que a maioria das acusadas de bruxaria ouvidas por ele confessaram que, dentre as muitas coisas desagradáveis consumidas nas assembleias, estava a carne de pessoas que haviam sido recém-enforcadas, cadáveres de covas recém-cavadas e bebês não batizados. De Lancre também forneceu um relato raro e detalhado de canibalismo no Sabá oferecido por Jeanette d'Abadie, que se recordou de como ela havia visto muitas crianças batizadas e não batizadas sendo devoradas. Em particular, ela comentou sobre ter testemunhado a orelha de uma criança sendo comida pela bruxa Marie Balcoin. D'Abadie explicou ainda que as bruxas nunca comiam uma criança inteira nos Sabás ocorridos em uma paróquia específica. Assim, a criança que ela vira cortada em pedaços foi dividida — um pedaço foi consumido no encontro e três outros foram enviados para paróquias diferentes.[58]

Em uma estranha reviravolta, as acusadas de bruxaria do lado espanhol da região basca eram tidas como consumidoras dos corpos das integrantes do coven recém-falecidas. Antes de partir para o akelarre, as bruxas acompanhavam o Diabo até o cemitério local. Lá, com enxadas em mãos,

---

56 KRAMER; SPRENGER. *The Malleus Maleficarum*, p. 66.

57 KINLOCH. *Reliquiae Antiquae Scoticae*, p. 121.

58 DE LANCRE. *On the Inconstancy of Witches*, p. 211-12.

elas desenterravam os cadáveres de suas outrora compatriotas. Uma vez que estivessem bem abastecidas, as bruxas partiam para o encontro no Sabá, no qual elas comiam as carnes coletadas assadas, fervidas ou cruas — relatando que o gosto era mais saboroso do que o de qualquer outra comida que elas já tivessem experimentado. Foi observado, contudo, que quaisquer corações obtidos dos túmulos sempre eram dados ao Diabo, pois era a mais apetitosa de todas as partes do corpo. As bruxas também ofereciam porções de carne aos sapos familiares, as quais diziam que eles devoravam "igual cachorros". Mais tarde, elas reuniam as sobras e as traziam para casa — mantendo-as com os suprimentos de pão e vinho. Essas sobras poderiam ser consumidas a qualquer momento e o gosto não era nem um pouco menos delicioso do que havia sido no akelarre.[59]

Danças

Em paralelo ao banquete, as bruxas também desfrutavam de danças no território do Sabá. Elas eram descritas como afazeres selvagens e indisciplinados, que poderiam ser tanto joviais e divertidos, como assustadores e dolorosamente exaustivos. Remy escreveu que "tais danças e brincadeiras, que são ordinariamente um prazer, nunca deixam de causar cansaço e fadiga, além de enorme ansiedade". Ele prossegue explicando como Barbelina Rayel confessou em 1587 que, após retornar para casa do Sabá, ela estava tão cansada que teve que se deitar por dois dias para se recuperar das danças.[60] Por outro lado, De Lancre propôs que, nesses encontros noturnos, as bruxas dançavam com alegria e tranquilidade — em particular no caso das "mancas, aleijadas, velhas decrépitas e as quase mortas".[61] De qualquer forma, as danças eram uma questão turbulenta que rapidamente se desenvolvia em um frenesi. Por exemplo, Waldburga Schmid confessou ter dançado com o

---

59 WILBY. *Invoking the Akelarre*, p. 208-9.
60 REMY. *Demonolatry*, p. 60-61.
61 DE LANCRE. *On the Inconstancy of Witches*, p. 225.

Diabo, o qual ela descrevia como agindo como um jovem embriagado. Ela declarou que estavam "cada um dançando ao redor do outro, empurrando um ao outro para a frente e para trás".[62]

A dança executada no Sabá e citada com maior frequência era a circular. Alguns relatos dessas danças foram bastante simples, tais como os fornecidos por Niclas Fiedler, que observou que o coven dançava de forma desajeitada em um círculo.[63] A francesa Sybilla Morèle acrescentou o detalhe de que, quando dançavam em círculo, as bruxas sempre se moviam para a esquerda ou no sentido anti-horário.[64] Outras ainda forneceram descrições mais vívidas, como Jeanne Boisdeau. Em sua confissão, ela acrescentou detalhes sobre como o Diabo, no aspecto de um bode preto, conduziu uma dança circular na qual as integrantes do coven se davam as mãos — a mais velha participante do coven segurava a cauda do Diabo — com as costas voltadas uma contra a outra.[65] Bruxas dançando em um círculo, encarando na direção externa e sem olharem uma para a outra, é uma informação contida em numerosas histórias do Sabá. Remy racionalizou que o motivo disso ou era porque as bruxas tinham medo de serem reconhecidas pelas outras se dançassem face a face, ou por causa de seu amor por fazerem as coisas de uma "maneira ridícula ou imprópria".[66]

62 ROPER. *Witch Craze*, p. 109.
63 "The Confession of Niclas Fiedler at Trier, 1591". *In: The Witchcraft Sourcebook*, p. 201.
64 REMY. *Demonolatry*, p. 61.
65 PEPPER; WILCOCK. *Magical and Mystical Sites: Europe and the British Isles*, p. 169-70.
66 REMY. *Demonolatry*, p. 61.

Música

Música era uma parte comum das festividades do Sabá, fornecendo pano de fundo de melodias assombrosas para as danças selvagens. Remy escreveu que, no Sabá, "tudo é feito sob uma maravilhosa miscelânea e confusão de barulhos, e está para além do poder das palavras descrever os sons canhestros, absurdos e discordantes que são produzidos lá".[67] Era caso bastante frequente a música ser tocada por integrantes seletas do coven, ou pelo próprio Diabo. Em relação ao primeiro, embora não fosse uma regra, eram os homens que tocavam música nos encontros. Quando o Diabo tocava, não era sempre tão melodiosa. A escocesa Isobel Cockie foi acusada de participar de uma dança no Sabá, na qual ela ficou descontente com a péssima música do Diabo. Acreditando que ela poderia tocar melhor do que ele, teve a ousadia de apanhar o instrumento e começou a tocar ela mesma — e surpreendentemente sem nenhuma repreensão por seu comportamento impetuoso.[68] A música no Sabá era tocada usando uma ampla variedade de instrumentos. Na Suécia, Jeanette Clerc confessou que elas cantavam e dançavam ao som de um pandeiro.[69] Enquanto isso, as espanholas acusadas de bruxaria supostamente dançavam em torno de fogueiras ilusórias ao som de tamborins, tambores e rabecas.[70] Na Inglaterra, Elizabeth Style mencionou que o Diabo tocava flauta ou cítara enquanto o coven dançava ao redor.[71] O polonês Grzegorz relatou ter tocado o xilofone no encontro do Sabá.[72]

Junto aos instrumentos musicais, a dança às vezes era acompanhada de cantos. O pastor protestante Bernhard Albrecht escreveu que, quando as bruxas dançavam, elas cantavam "neblina, neblina, Diabo, Diabo, pule aqui, pule ali, salte aqui, salte ali, brinque aqui, brinque ali", enquanto

---

67 REMY. *Demonolatry*, p. 64-65.
68 THE SPALDING CLUB. *Miscellany of the Spalding Club*, p. 114-15.
69 MONTER. *Witchcraft in France and Switzerland*, p. 57.
70 FRÍAS. "An Account of the Persons at the Auto de Fe". *In: The Salazar Documents*, p. 118.
71 GLANVILL. *Saducismus Triumphatus*, p. 141.
72 WYPORSKA. *Witchcraft in Early Modern Poland 1500–1800*, p. 62.

levantavam mãos e vassouras para o alto, para demonstrar fidelidade ao Diabo.[73] Helen Guthrie confessou que Andrew Watson cantou velhas baladas e que Isobell Shyrie cantou a canção "Tinkletum, Tankletum".[74] Maria Gleichmann admitiu que, juntamente ao som dos tambores, de um grande violino e flautas, ela também ouviu canções sobre "garotos atrevidos" e algumas que continham referências sexuais e insultos aos vizinhos.[75] Agnes Sampson confessou que, na reunião no pátio da igreja de North Berwick, as bruxas dançavam um *reel*, de tradição escocesa, que dizia: "Venha comigo diante dele, venha comigo. Se você não vier comigo diante dele, deixe-me levá-la".[76] E, embora não seja necessariamente uma canção no sentido mais estrito da palavra, as acusadas de bruxaria de Mora, na Suécia, vocalizavam praguejando e amaldiçoando enquanto executavam suas danças em Blåkulla.[77] Além do coven, o Diabo também às vezes cantava no Sabá. Marie Lamont, da Escócia, confessou em 1662 que, em uma reunião ocorrida no lar de Kattrein Scott, o Diabo cantou para as bruxas enquanto elas dançavam ao redor dele.[78] Além disso, em um caso único, Anne Armstrong testemunhou que, após ter sido enfeitiçada e montada até o Sabá, as bruxas lhe solicitaram que cantasse para elas, o que, de forma chocante, ela concordou em fazer.[79]

---

73 ROPER. *Witch Craze*, p. 113.

74 KINLOCH. *Reliquiae Antiquae Scoticae*, p. 120.

75 ROPER. *Witch Craze*, p. 109.

76 CARMICHAEL, James. "Newes from Scotland, declaring the damnable life and death of Doctor Fian a notable sorcerer [...]". Londres: [E. Allde?], c. 1542; Ann Arbor, MI: Text Creation Partnership, 2011.

77 HORNECK. "An Account of What Happened in the Kingdom of Sweden in the Years 1669, and 1670". *In*: GLANVILL. *Saducismus Triumphatus*, p. 322.

78 SHARPE, Charles Kirkpatrick. *A Historical Account of the Belief in Witchcraft in Scotland*. Londres: Hamilton, Adams & Co., 1884, p. 131.

79 HOLE. *Witchcraft in England*, p. 124.

Sexo no Sabá

Embora o Sabá das Bruxas representasse, ao menos em parte, uma miscelânia diversa de pecados prazerosos, os atos de intercurso sexual eram os que se destacavam como particularmente licenciosos. Numa época em que o sexo era considerado moralmente vergonhoso, perseguidores e escritores do tema da bruxaria se tornaram deveras fixados na noção da bruxa como um ser sexualmente desviante. A obsessão deles com o sexo pode ser vista em transcrições de julgamentos e em outros textos, os quais beiravam o tom pornográfico em suas descrições. Ao interrogarem as acusadas de bruxaria ou escreverem a respeito delas, parece que esses homens encontraram um escape socialmente aceitável para explorar a própria sexualidade reprimida. Embora existam relatos sexuais de homens bruxos, na grande maioria o foco é nas mulheres. Em razão disso, há uma dimensão vívida e clara de misoginia nesses documentos, expondo crenças patriarcais profundamente enraizadas em relação à natureza das mulheres. Vemos como exemplo o *Malleus Maleficarum*, onde há uma declaração infame que "toda bruxaria deriva da luxúria carnal, que é insaciável nas mulheres".[80]

Histórias de atividade sexual no Sabá, em geral, se concentravam na cópula das bruxas com o Diabo. Relatos de tais casos são muitas vezes bastante confusos e cheios de detalhes contraditórios. Em alguns casos, se insinuava que o sexo com o Diabo era fisicamente desconfortável ou doloroso, pois diziam que ele tinha um falo grotescamente volumoso, se não deformado. Em outros, essas ligações até mesmo parecem ter ocorrido por coerção ou sendo não consensuais. Todavia, muitas acusadas de bruxaria parecem ter tido reações inesperadas a tais provações, variando desde a indiferença até a euforia. De Lancre observou diversos detalhes perturbadores e explícitos relacionados ao intercurso com o Diabo, enquanto também compartilhou que as acusadas de bruxaria manifestavam orgulho e acreditavam que "as carícias deste demônio obsceno [o Diabo] eram mais satisfatórias do que as do

---

80 KRAMER; SPRENGER. *The Malleus Maleficarum*, p. 47.

marido mais justo que elas poderiam encontrar".[81] De novo, diziam que eram as mulheres, quase exclusivamente, que faziam sexo com o Diabo. Quando homens confessavam terem tido relações com ele, quase sempre foram em situações nas quais ele aparecera na forma de mulher. Portanto, uniões entre pessoas do mesmo sexo eram praticamente inexistentes nas confissões dos julgamentos por toda a Europa e nas primeiras colônias norte-americanas.

Sendo o sexo com o Diabo prazeroso ou não, outros dois fatores motivacionais foram pensados como estando por trás desse desejo de fornicar com bruxas. Primeiro, foi declarado que, ao aliciá-las para os atos sexuais, o Diabo poderia corromper ainda mais as almas delas. Ao discutir intercurso sexual entre humanos e demônios, De Lancre escreveu que, em vez de busca por prazer, "elas participam no intuito de fazer o homem cair no mesmo precipício no qual elas estão, que é a desgraça do Todo-Poderoso".[82] Ele prosseguiu mencionando como uma acusada de bruxaria lhe contou que "era raro o Diabo ter intercurso com virgens, pois com elas ele não conseguia cometer adultério; assim, ele aguardava elas se casarem".[83] Segundo, era comum acreditar que relações carnais eram uma das formas pelas quais o pacto iniciatório entre uma bruxa e o Diabo era selado. Boguet expressou sua crença de que "o Diabo usa elas [as bruxas] assim porque sabe que as mulheres amam prazeres carnais, e ele tem a intenção de amarrá-las em fidelidade a ele com tais provocações agradáveis".[84]

Sexo no Sabá também incluía enlaces entre bruxas. A bruxa anônima de Eichstätt confessou que, após terem concluído a dança, casais "se formavam para cometerem safadeza na surdina".[85] Jeanette d'Abadie afirmou em confissão que, no Sabá, ela viu homens e mulheres se envolvendo em "atividade promíscua".[86] A formação dos casais com frequência recaía no

81 DE LANCRE. *On the Inconstancy of Witches*, p. 233.

82 Ibidem, p. 232.

83 Ibidem, p. 235.

84 BOGUET. *An Examen of Witches*, p. 29.

85 "The Witch-Hunt at Eichstätt". *In: The Witchcraft Sourcebook*, p. 224.

86 DE LANCRE. *On the Inconstancy of Witches*, p. 238.

estereótipo antigo de comportamento incestuoso que atormentava os grupos anteriores. Como tal, Boguet observou que "após as danças, as bruxas começavam a acasalar umas com a outras; e nesse assunto o filho não poupava a mãe, nem o irmão a irmã, nem o pai a filha; mas o incesto era praticado de forma comum".[87] Ademais, foi mencionado que as acusadas de bruxaria na Espanha "cometiam os atos mais vis, mais obscenos e mais sujos sem levarem em consideração os graus de parentesco". Também é nos relatos das bruxas espanholas que encontramos uma rara referência à cópula entre pessoas do mesmo sexo, em específico, relacionada a bruxos tendo feito sexo tanto com mulheres quanto com homens.[88]

Uma das principais questões que surgiu na mente dos perseguidores e escritores foi se o sexo com o Diabo ou com algum outro demônio poderia resultar em gravidez. O consenso era que, em razão dos corpos incorpóreos, esses espíritos infernais eram desprovidos dos componentes necessários para fecundar uma mulher humana. Dito isso, muitos textos citaram o frade dominicano Tomás de Aquino, o qual explicou como demônios encontraram uma solução bastante complicada para esse problema. De acordo com Aquino, um demônio primeiro aparecia para um homem humano na forma de mulher, para roubar-lhe o sêmen. Depois, na forma de homem, inseminaria uma mulher humana. Assim, uma gravidez poderia ocorrer de tais uniões profanas, mas a criança resultante não seria produto do demônio em si.[89] As bruxas pareciam estar divididas nessa questão. Jeanette d'Abadie declarou que "mulheres nunca engravidam dessas cópulas, sejam as ocorridas com o mestre ou com outras bruxas".[90] Enquanto isso, as acusadas de bruxaria de Mora, Suécia, confessaram ter tido filhos e filhas com o Diabo.[91]

---

87 BOGUET. *An Examen of Witches*, p. 57.

88 FRÍAS. "An Account of the Persons at the Auto de Fe". *In: The Salazar Documents*, p. 124.

89 BOGUET. *An Examen of Witches*, p. 36.

90 DE LANCRE. *On the Inconstancy of Witches*, p. 238.

91 HORNECK. "An Account of What Happened in the Kingdom of Sweden in the Years 1669, and 1670". *In*: GLANVILL. *Saducismus Triumphatus*, p. 322-23.

O Sabá na Arte: "Tam o' Shanter", de Robert Burns

Uma descrição mais festiva das atividades no Sabá das Bruxas foi incluída em "Tam o'Shanter", poema narrativo de Robert Burns. Escrito em 1790 e publicado no ano seguinte, o poema narra a história de Tam, um fazendeiro desajeitado que se embebeda em um bar local.

Em uma noite tempestuosa, enquanto cavalga de volta para casa em sua confiável égua Maggie, Tam espia uma luz brilhando, vinda da igreja próxima:

Quando, cintilando pelas árvores murmurantes,
As ruínas da Igreja de Alloway pareceram chamejantes:
Por entre cada fresta a luz estava se lançando,
E alto ressoavam pessoas se divertindo e dançando.

Motivado por uma sensação de curiosidade e bravura induzida pelo álcool, Tam se arrisca a se aproximar da igreja para descobrir a fonte da luz. Espiando através de uma janela, Tam fica aturdido ao testemunhar uma reunião das bruxas dançando com o Diabo.

Bruxos e bruxas em uma dança,
Não era o cotilhão, novo e brilhante vindo da França;
Mas as jigas, os strathspeys, os reels e a gaita de foles
Botavam vida e fervor em seus calcanhares.
A leste, no recanto de uma janela
Lá estava o velho Nick na forma de uma fera;
Um grande, desgrenhado, preto e sombrio cão
Oferecer-lhes música era sua atribuição
Ele torcia as flautas e lhes fazia guinchar,
Fazendo telhados e vigas badalar.

O poema continua descrevendo o modo pelo qual a igreja havia sido decorada com diversos itens macabros. Ao redor do aposento, caixões estavam abertos e cada cadáver neles segurava no ar uma vela acesa, ajudando a iluminar a convocação diabólica. Sobre o altar sagrado estavam muitos objetos sombrios, incluindo ossos de um assassino, machadinhas sujas de sangue, uma jarreteira que havia estrangulado um bebê e uma faca usada por um filho para rasgar a garganta do próprio pai. Tam continua a observar a dança, fascinado pelos movimentos das mulheres — em particular, os de uma bela bruxa trajando uma saia curta. Perdido na própria luxúria, Tam comete a tolice de deixar escapar um clamor, que de imediato alerta as bruxas para a intrusão dele no Sabá:

> *E [Tam] ruge, "Muito bem, Saia-Curta!"*
> *E num instante a sala inteira ficou escura;*
> *Foi por pouco que a Maggie ele se juntou*
> *E lá de trás toda a legião infernal saltou.*

Uma perseguição dramática se sucede, com Tam cavalgando em Maggie e sendo perseguido pelas hordas furiosas das bruxas. Por sorte, ele avista um córrego d'água, o qual ele sabe que as bruxas não conseguem atravessar, e guia Maggie na direção dele. No clímax do poema, Tam e Maggie conseguem atravessar a ponte, escapando por um triz das garras das bruxas furiosas, embora seja observado que uma delas arranca a cauda da pobre Maggie, não deixando nada além de um toco.[92]

Embora "Tam o' Shanter" explore temas relativos à natureza efêmera dos prazeres da vida, assim como as consequências das nossas ações, também contém trechos interessantes do folclore sobre as bruxas ainda populares durante o período da vida de Burns. De fato, pouco antes de o poema ter sido escrito, Burns havia redigido uma carta ao amigo Francis Grose na qual ele forneceu três diferentes histórias sobre as bruxas e a

---

92 BURNS, Robert. "Tam o' Shanter". *Poetry Foundation*.

igreja de Alloway. Duas delas ele considerou como sendo relatos autênticos de bruxas, uma dessas foi a base para o que se tornou mais tarde "Tam o' Shanter".[93] Tendo a igreja de Alloway sido ou não local de encontro das bruxas, o poema de Burns pinta um retrato vívido do Sabá tal como se acreditava que ele ocorria. Era comum dentro do folclore escocês que os encontros do Sabá ocorressem dentro de igrejas locais. Além disso, os relatos escoceses do Sabá costumavam se centrar em torno de danças e músicas barulhentas. "Tam o' Shanter" faz um ótimo trabalho em transmitir, por meio de imagens e métrica, o tipo de liberdade extática que as bruxas sentiam durante o Sabá. A despeito da decoração medonha ao redor delas, as bruxas no poema de Burns encontram muito divertimento em sua agitação travessa, talvez elas próprias uma representação sobre encontrar prazer e poder na (ou apesar da) escuridão.

---

93 "Tam o' Shanter". *Burns Country.*

CAPÍTULO 8

Dançando no Território do Diabo

Até este ponto, já revelamos o desenvolvimento histórico do Sabá das Bruxas, desde as acusações iniciais instauradas contra os cristãos até supostas tramas venenosas eclodindo de quem sofria de lepra. Exploramos os caminhos pelos quais as crenças relacionadas à heresia se misturaram com histórias folclóricas a respeito de vários espíritos similares às bruxas. Examinamos o ressurgimento do Sabá na prática da bruxaria moderna e as diferentes formas que ele adotou, desde a hipótese do culto das bruxas até o trabalho de pessoas como Andrew Chumbley. Mergulhamos na arquitetura do Outro Mundo, além de desenvolver as habilidades e reunir as ferramentas necessárias para fazermos nossa própria jornada até o Sabá das Bruxas. Encontramos com os espíritos que compõem a comitiva do Sabá e descobrimos os meios pelos quais podemos trabalhar com eles. Por fim, aprendemos sobre os atos tanto de negócios quanto de prazer que compõem as atividades do Sabá, desde os rituais de iniciação e malefício até as danças circulares frenéticas e os banquetes suntuosos. E agora eis você aqui, no precipício, aproximando-se da cerca.

Neste capítulo, pegaremos todas as pontas soltas e as ataremos uma vez mais, formando a tapeçaria original e reconstruindo-a. Mas ela não estará inalterada, pois você está prestes a se tornar uma parte da própria narrativa retratada por ela. E assim, usando o conhecimento coletivo obtido dos capítulos anteriores, trabalharemos para formular um plano ritualizado para a sua visita ao lendário Sabá das Bruxas. Neste capítulo final, você encontrará alguns dos meus últimos conselhos sobre o voo do espírito, ferramentas adicionais para ajudá-la em sua jornada até o Outro Mundo e rituais para viajar até o território do Sabá. Além disso, você encontrará modelos úteis para conjurar uma experiência específica no Sabá, assim como uma encenação ritual dele para o trabalho do coven no reino físico.

Alguns Conselhos Finais

Um dos maiores conselhos que posso oferecer a alguém novato em viagens ao Outro Mundo e em visitar o Sabá das Bruxas é não colocar pressão nem em você nem em sua experiência. Descobri ao longo dos anos que o processo do voo do espírito é muitas vezes pensado ou descrito de formas bastante exageradas — seja isso intencional ou não. Muitas pessoas vão até ele com altas expectativas, as mais típicas sendo que o espírito se tornará completamente desatrelado do corpo físico e que vivenciarão experiências vívidas ao extremo, caracterizadas por sons e visões intensas. Contudo, você logo perceberá que esse não é o caso. Mesmo enquanto estiver no Outro Mundo, você reterá alguma ciência do seu corpo material — poderá até mesmo ouvir sons do mundo físico. E está tudo bem! Além disso, as percepções sensoriais do Outro Mundo variam. Você poderá ter dificuldade em ver o Outro Mundo ou o Sabá com clareza, mas será capaz de ouvi-lo ou senti-lo. Outra vez, está tudo bem! É uma situação comum que, quando colocamos pressão em nós mesmos ou em nossas experiências, os resultados acabam sendo menos do que satisfatórios. Apenas continue tentando. Quanto mais praticar, mais fortes e afiadas as suas habilidades se tornarão.

O segundo conselho que posso oferecer é limitar a frequência de jornadas ao Outro Mundo e de visitas ao Sabá. Embora possa ser tentador passar muito tempo se empenhando no voo do espírito, quanto mais tempo passamos no Outro Mundo, mais ficamos suscetíveis a um punhado de sintomas negativos. Tais como a pessoa nessa situação começar a se sentir desconectada da realidade do mundo terreno, assim como de seu corpo físico — o que não é incomum. Em outros casos, é possível ficar depressivo, apático ou arredio. Portanto, recomendo controlar a frequência, em especial no começo, a duas vezes por mês. Gosto de planejar essas ocasiões em torno da lua cheia e da lua nova, ou em algum outro dia auspicioso, tal como o Halloween ou a Walpurgisnacht.

Por fim, encorajo com vigor que você registre por escrito suas experiências quando retornar do Sabá. No meu caso, percebi que os detalhes mais sofisticados das jornadas ao Outro Mundo costumam evanescer com rapidez uma vez que eu tenha retornado ao mundo físico. Portanto, recomendo muito que você mantenha um diário por perto e que anote as experiências antes que elas lhe escapem. Se você tiver inclinações artísticas, poderia até mesmo criar um desenho ou pintura do Sabá do qual tiver recém-retornado. Assim, depois você conseguirá revisitar essa documentação, para refletir mais a fundo, caso necessário. Além disso, com o tempo, você poderá começar a reconhecer padrões dentro dos registros das suas experiências — fornecendo ainda mais conhecimento sobre você mesmo, sobre os espíritos com os quais trabalha e sobre o ofício em si.

Ferramentas Adicionais para o Sabá

Além das ferramentas da mente e do corpo discutidas no capítulo 4, existem também ferramentas físicas que podem ser úteis ao se aventurar no Outro Mundo e viajar até o Sabá das Bruxas. Elas são aquelas que devem ser construídas por suas próprias mãos, infundidas com sua magia e com uma parte do seu espírito. Cada ferramenta serve a um propósito único, mas todas elas também abrigam a própria e inata magia e espírito. Ao criar tais instrumentos, não apenas ajudará a despertar o espírito intrínseco a seu propósito, como também formará uma relação inerentemente profunda com elas. Com essas ferramentas, você estará mais bem equipada para elevar o espírito do corpo físico, encontrar o caminho até o Outro Mundo e se orientar em segurança em direção ao Sabá das Bruxas. As ferramentas incluem uma vassoura e um talismã de ancoragem.

EXERCÍCIO
Confeccionando a Própria Vassoura

Como as bruxas do folclore, seu voo do espírito pode ser auxiliado com o uso de algum utensílio físico para cavalgar. Para esse propósito específico, o exercício a seguir pode ser usado para criar uma vassoura para a jornada até o Sabá.

Itens Necessários

Galho resistente de aproximadamente 150 centímetros

Faca afiada

Lixa de papel

Queimador de madeira (opcional)

Verniz para madeira

Óleo de linhaça

Trapos

Tintas e pincéis (opcional)

Fardo de palha ou grama seca

Boa quantidade de corda de juta ou cânhamo

Cabo da Vassoura

Comece saindo de casa e indo até algum lugar selvagem e natural onde seja possível encontrar um galho resistente que se tornará o cabo da sua vassoura. Tenha em mente que o comprimento médio deverá ser de aproximadamente 150 centímetros, mas fique à vontade para fazer ajustes para melhor se adequar à sua altura. Você também deverá levar em conta os diferentes tipos de madeira e suas virtudes inerentes: um exemplo é a madeira de freixo, que tem sido, desde muito tempo, associada com o Outro Mundo e com a elaboração de vassouras.

Se você pretender cortar um galho vivo, assegure-se de primeiro solicitar permissão ao espírito habitante da árvore. Permita que sua mente se torne aberta e consciente da voz do espírito, e se sua mensagem é positiva ou negativa. Se o espírito não desejar que você corte o galho, você terá de seguir em frente. Se ele concordar, corte o galho da maneira mais limpa possível usando uma serra afiada. Assegure-se de deixar uma oferta de mel ou de água na base da árvore. Também é possível encontrar um galho que tenha caído naturalmente. Nesse caso, ainda é importante deixar uma oferenda para os espíritos da terra. Se usar um galho recém-cortado, ou se a madeira não estiver seca por inteiro, coloque-a de lado por algum tempo e permita que ela seque antes de proceder ao passo seguinte. Assegure-se de armazenar o galho no sentido horizontal enquanto ele seca para evitar arqueamento.

Depois remova com cuidado toda a casca do galho usando uma faca afiada. Então alise o cabo com lixas de papel de texturas distintas. Nesse ponto, você pode usar uma ferramenta de pirografia para inscrever no cabo vários símbolos mágicos que tenham um significado particular para você, como pentagramas, runas ou símbolos astrológicos. Por fim, você pode envernizar o cabo de vassoura e finalizá-lo com uma camada protetora de óleo de linhaça, usando os trapos para a aplicação de ambos. Se você não tiver uma ferramenta para queimar madeira ou não se sentir confortável em usar uma, pode também usar tinta para aplicar símbolos no cabo após o processo de envernizamento, mas antes de aplicar a demão de óleo.

Escova da Vassoura

Para a escova da vassoura, você tem algumas opções diferentes. Primeiro, você pode ir até a natureza e coletar um monte de grama seca, galhos finos ou palha. Se decidir arrancar a grama, assegure-se de primeiro pedir permissão para o espírito habitante de qualquer material que você pretender usar. Permita que sua mente se torne aberta e consciente da voz do espírito, e se sua mensagem é positiva ou negativa. Se o espírito não desejar que você use o material, você terá de aceitar e seguir em frente. Se ele concordar, colha apenas a quantidade necessária e deixe por perto uma oferenda em agradecimento. Segundo, você pode comprar uma vassoura de sorgo barata e reaproveitar sua escova, cortando-a do cabo. Terceiro, você pode comprar sorgo ou outra escova em lojas online.

Montando a Vassoura

Quando estiver pronta para montar sua vassoura, reúna o cabo, a escova e o comprimento de corda. Deite a escova em uma superfície plana, espalhando-a uniformemente, e coloque o cabo no meio dela. Então recolha a escova ao redor do cabo, ajustando-a de modo que fique espalhada uniformemente. Usando o comprimento de corda, enrole-a com firmeza em torno da escova uma vez — amarrando um nó inicial e assegurando-se de deixar alguma corda sobrando, para usá-la no nó final quando terminar. Continue enrolando a corda em torno da escova, puxando-a com força de vez em quando. Enrole até que a escova pareça estar cingida com segurança no cabo da vassoura. Por fim, usando o excesso de cordão, amarre três nós para dar sorte.

Consagrando a Vassoura

Para *consagrar* ou abençoar sua vassoura nova com virtude mágica, comece acendendo algum incenso forte e aromático (recomendo usar o Incenso da Bruxa da Cerca descrito na página 122). Então, abanando a fumaça ao longo do comprimento da vassoura, recite o seguinte encantamento:

> *Com galho e palha, uma vassoura montada está,*
> *E meu espírito, ao Sabá ela carregará.*
> *Da minha casa, atravessando o céu pelo ar,*
> *Uma ferramenta robusta para me ajudar a voar*
> *E para me trazer de volta quando tudo estiver terminado*
> *Ou quando o sol da manhã tiver se levantado.*

EXERCÍCIO
Criando um Talismã de Ancoragem

Embora o espírito deixe o corpo físico no intuito de viajar até o Outro Mundo, uma amarra importante permanece entre os dois. Para assegurar essa conexão, você pode criar um talismã para ancorar o seu espírito ao corpo.

Itens Necessários
Pedra achatada de tamanho médio
Tinta (preta, branca, vermelha, azul e verde)
Pincel de ponta fina

Para começar, vá até algum lugar natural e selvagem, onde você possa encontrar uma pedra achatada de tamanho médio. O ideal é que ela tenha o tamanho da sua palma aberta e algum peso. Quando encontrar uma pedra adequada, assegure-se de solicitar ao espírito habitando nela se ele deseja trabalhar com você. Se a resposta for não, com gentileza recoloque-a onde a encontrou e continue sua busca. Quando tiver encontrado sua pedra, deixe uma oferenda de mel ou água no chão próximo. Leve a pedra para casa e lave-a em água fria para enxaguar qualquer sujeira ou poeira. Permita que ela seque em um local quente e ensolarado antes de prosseguir com o próximo passo.

Usando pincel e tintas, copie o sigilo seguinte na superfície da pedra. Esse sigilo retrata as seis estradas da bússola circular: norte/ar, leste/fogo, sul/terra, oeste/água, Mundo Superior/crescente branco e Submundo/crescente preto. Setas ao longo de cada estrada, apontando em direção ao centro da bússola, simbolizam a ancoragem do espírito ao corpo, conforme ele descansa no centro ou no Mundo do Meio. Sem pressa, mentalize as virtudes mágicas da pedra se mesclando com a própria intenção de ancorar o seu espírito enquanto se empenha na viagem ao Outro Mundo. Quando tiver terminado, retorne a pedra ao local ensolarado e deixe que a tinta seque.

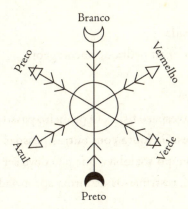

Para consagrar o novo talismã, passe-o por alguma fumaça aromática de limpeza. Sussurre para a pedra as suas intenções e o que você deseja do espírito dela. Então recite o feitiço a seguir três vezes para finalizar o ritual:

Nesta pedra, pelo símbolo que pintei,
À carne e ao osso, meu espírito ancorei.
Capaz de levantar-se, minha alma será,
Porém, sem rumo, nem tão distante, jamais ficará.

 EXERCÍCIO
Um Ritual de Sabá Simples

O ritual a seguir é bastante simples e serve como um bom ponto de partida para qualquer pessoa iniciante em viajar até o Outro Mundo ou em comparecer ao Sabá das Bruxas. Além disso, este ritual pode ser executado a qualquer momento, embora à noite ou na lua cheia sejam oportunidades particularmente auspiciosas, e pode ser feito ao ar livre ou a portas fechadas.

Itens Opcionais
Cobertor e travesseiro
Velas
Incenso
Unguento de voo, chá ou tintura
Vassoura
Música programada
Talismã protetor e/ou pedra de ancoragem

Preparação do Espaço
Comece preparando o espaço físico. O primeiro passo é eliminar o máximo possível de distrações. Se mora com outras pessoas, explique a elas que precisará de algum tempo sozinha e que não deve ser perturbada. Se tiver animais de estimação, restrinja-os de forma apropriada ou arranje alguém

para tomar conta deles. Você deverá se deitar durante a viagem ao Outro Mundo, seja em uma cama ou no chão. Se for no chão, o ideal é estender uma coberta e jogar um travesseiro ou dois para apoiar a cabeça. É preciso manter o corpo tão confortável quanto possível para minimizar distrações somáticas. Se planeja ter música tocando, é importante programá-la para se assegurar que ela irá tocar sem problemas. Além disso, acenda incensos e velas — tendo em mente a segurança contra incêndios.

Preparação do Corpo

Depois que o espaço estiver pronto, reserve algum tempo para preparar o corpo. Se for fazer uso de algum unguento de voo, chá ou tintura, agora é a hora de usá-los — lembre-se de que levam cerca de 30 minutos para fazerem efeito. Além disso, é interessante se adornar com amuletos protetores. Então, quando estiver deitada, coloque sua vassoura na vertical, no chão perto de você, ou na horizontal, com o cabo debaixo dos joelhos. Disponha ainda o talismã de ancoragem em uma das mãos ou deitado sobre o peito ou o estômago. Por fim, se sentir o corpo tenso, utilize o método de relaxamento muscular progressivo descrito na página 108.

Até o Outro Mundo

Agora que o seu espaço e o seu corpo físico foram preparados, é hora de viajar até o Outro Mundo. Comece fechando os olhos e iniciando a técnica de respiração em caixa. Inspire fundo, segure por um momento, expire com suavidade, segure mais uma vez e então reinicie o ciclo. Repita-o mais 11 vezes, para um total de 12 repetições, contando de trás para a frente em silêncio conforme progride. Em cada respiração, sinta o espírito se levantando do corpo físico, afastando-se com gentileza. Você poderá sentir ao mesmo tempo o corpo físico afundando, uma sensação de estar tanto pesada quanto entorpecida. Depois conduza-se ainda mais fundo no estado de transe repetindo o processo acima, mas agora com 13 ciclos, de novo contando de trás para a frente. Quando atingir o número 6, imagine no olho da sua mente que está diante de uma sebe. Logo depois dela, há uma névoa cinza rodopiando, obscurecendo sua visão. Conforme se aproxima do número 1, pegue impulso e pule sobre a cerca. Sinta os pés aterrissando com firmeza no território do Outro Mundo assim que alcançar o final da contagem.

Até o Sabá das Bruxas

Conforme a névoa se levanta, você se encontrará em pé em frente ao eixo do mundo. Permita que ele apareça para você conforme for do desejo dele — provavelmente, na mesma forma adotada durante o exercício no capítulo 4.

Para comparecer ao Sabá das Bruxas, você permanecerá na paisagem escondida do Mundo do Meio. Olhe para baixo para encontrar a vassoura em sua mão. Monte nela e declame as palavras "Melhor, melhor, alardeio um alarde, ao redor e em toda a parte". Com isso, você será carregada com rapidez até o território do Sabá. A jornada vai variar em duração, às vezes parecendo bastante longa, outras vezes instantânea. A localização do Sabá será diferente também, e pode adotar a aparência de um lugar do mundo terreno ou algum lugar que existe apenas no Outro Mundo. Seja lá onde você for parar, permita que seu espírito aterrisse com suavidade no chão.

O Sabá

Assim como diversos aspectos do ritual, o Sabá propriamente dito irá variar em aparência para você. Dito isso, o provável é que haja uma grande fogueira queimando no centro de um círculo composto por bruxas e espíritos. Além disso, à frente da reunião poderá estar o Diabo e a Rainha do Sabá sentados sobre tronos ricamente adornados. O que ocorrerá possivelmente serão atos de negócios e de prazer. Você poderá descobrir novos feitiços ou realizar rituais. Poderá dançar, banquetear-se ou se envolver em atividades sexuais, se assim desejar. As possibilidades são infinitas. O ideal é permitir que a experiência flua de forma orgânica, deixando-se levar. Isso significa renunciar a uma certa dose de controle, mas tenha certeza de que poderá abandonar a qualquer momento caso comece a se sentir sobrecarregada ou desconfortável (siga os próximos passos).

Voltando para Casa

Em qualquer momento que desejar regressar do Sabá, olhe para baixo para encontrar sua vassoura na mão. Monte nela e fale as palavras "Rentum Tormentum". Com isso, será carregada pelo vento. Você viajará através do céu, voltando pelo caminho pelo qual chegou, a distância inteira até o eixo do mundo. Quando tiver retornado ao eixo, comece a contar do 1 ao 13. Quando atingir o número 6, vire-se para ver a mesma cerca que você cruzou no início quando entrou no Outro Mundo. De novo, pegue impulso e pule sobre a sebe. Sinta os pés aterrissarem com firmeza sobre o chão no mundo terreno. Quando você se reorientar, conte mais uma vez, agora de 1 a 12. Conforme progredir em sua contagem, sinta-se retornando até a consciência completa. Sacuda os dedos das mãos e dos pés, e depois, os braços e as pernas. Quando se sentir pronta, abra os olhos devagar e sinta-se retornando a um estado de plena consciência.

EXERCÍCIO
Um Ritual do Sabá Complexo

O ritual a seguir é um tanto mais complexo do que o anterior, pois utiliza não apenas o ritual de posicionar a bússola circular, mas ainda o de trilhar o moinho para ajudar na jornada até o Outro Mundo e ao Sabá das Bruxas. Como antes, este ritual pode ser executado a qualquer momento e pode ser feito ao ar livre ou de portas fechadas, embora eu pessoalmente ache que funcione melhor quando realizado em ambiente aberto.

Itens Necessários
Objeto para atuar como ponto focal (talvez uma lanterna ou um stang)
Incenso da Bruxa da Cerca (ver página 122)
Vela preta ou branca
Pedra
Pequena tigela de água

Itens Opcionais

Cobertor e travesseiro

Vassoura

Amuleto protetor e/ou talismã de ancoragem

Música programada

Unguento de voo, chá ou tintura

Preparação do Espaço

Para este ritual, você precisará de muito mais espaço do que o anterior, para acomodar tanto a bússola circular como o trilhar do moinho. Além disso, ao contrário da versão anterior deste ritual, é necessário se deitar no chão. Você pode preparar o espaço estendendo um cobertor e um travesseiro, se assim desejar. Se quiser usar vassoura, amuleto protetor ou talismã de ancoragem, você pode colocá-los ao lado do cobertor ou da área designada para descanso. Como antes, faça o seu melhor para eliminar o máximo de distrações que puder. Se mora com outras pessoas, explique para elas que precisará de algum tempo sozinha e que não deve ser perturbada. Se tiver animais de estimação, contenha-os de forma apropriada ou peça que alguém cuide deles. Se você planeja ter música, programe tudo para garantir que vai tocar sem problemas.

Preparação do Corpo

Quando o espaço estiver pronto, você precisará reservar algum tempo para preparar o seu corpo. Se for fazer uso de unguento de voo, chá ou tintura, agora é a hora de fazê-lo — lembre-se de que leva cerca de 30 minutos para fazer efeito. Além disso, você poderá se adornar com amuletos protetores.

Posicionando a Bússola Circular

Comece colocando o seu objeto focal no centro do espaço. Então, começando pelo norte, permaneça ereta com os pés plantados firmes no chão. Em sua mão, segure o incenso queimando, passe os dedos através da fumaça e sinta o luxuoso cheiro. Feche os olhos e respire fundo. Sinta-se alcançando os espíritos da estrada do norte. Quando se sentir conectada, diga em voz alta:

> *Eu invoco os espíritos do norte, poderes primordiais do ar e do vento. Peço com gentileza que abram as estradas até o seu reino. Venham, juntem-se à minha bússola circular!*

Mova-se para o leste, permanecendo ereta com os pés firmes no chão. Em sua mão, segure a vela tremulante, passe um dedo perto da chama com rapidez e sinta seu calor. Feche os olhos e respire fundo. Sinta-se alcançando os espíritos da estrada leste. Quando se sentir conectada, diga em voz alta:

> *Eu invoco os espíritos do leste, poderes primordiais do fogo e da chama. Peço com gentileza que abram as estradas até o seu reino. Venham, juntem-se à minha bússola circular!*

Mova-se para o sul, mantendo a mesmo posição consistente. Em sua mão, segure a pedra, passe os dedos pela superfície dela e sinta a massa sólida. Feche os olhos e respire fundo. Sinta-se alcançando os espíritos da estrada sul. Quando se sentir conectada, diga em voz alta:

> *Eu invoco os espíritos do sul, poderes primordiais da terra e da pedra. Peço com gentileza que abram as estradas até o seu reino. Venham, juntem-se à minha bússola circular!*

Mova-se para o oeste, permanecendo com os pés plantados firmes no chão. Em sua mão, segure a tigela de água, mergulhe o dedo nela e sinta a frieza. Feche os olhos e respire fundo. Sinta-se alcançando os espíritos da estrada oeste. Quando se sentir conectada, diga em voz alta:

> *Eu invoco os espíritos do oeste, poderes primordiais da água e do mar. Peço com gentileza que abram as estradas até o seu reino. Venham, juntem-se à minha bússola circular!*

Mova-se para o centro do círculo, mantendo a posição ereta e firme. Levante os braços acima da cabeça, esticando os dedos e alcançando o mais alto que conseguir. Feche os olhos e respire fundo. Sinta-se alcançando os espíritos da estrada superior. Quando se sentir conectada, diga em voz alta:

> *Eu invoco os espíritos de cima, poderes primordiais do Mundo Superior. Peço com gentileza que abram as estradas até o seu reino. Venham, juntem-se à minha bússola circular!*

Permaneça ereta no centro do círculo, com os pés plantados com firmeza no chão. Abaixe os braços em direção ao chão, esticando os dedos e alcançando o mais baixo que puder. Feche os olhos e respire fundo. Sinta-se alcançando os espíritos da estrada inferior. Quando se sentir conectada, diga em voz alta:

> *Eu invoco os espíritos de baixo, poderes primordiais do Submundo. Peço com gentileza que abram as estradas até o seu reino. Venham, juntem-se à minha bússola circular!*

Trilhando o Moinho

Para começar, decida se você se deslocará no sentido horário ou anti-horário. Se decidir caminhar no sentido horário, fique em pé com o ombro direito paralelo ao ponto focal central. Mantenha o corpo voltado para a frente, estendendo o braço direito, apontando o dedo indicador para o centro. Gire a cabeça para o lado, inclinando para trás de leve, de modo a descansar o queixo no ombro. Encare na direção apontada pelo braço e fixe a visão no ponto focal. Então comece a caminhar devagar para a frente, assegurando-se de manter o contato visual com o objeto. Se escolher o sentido anti-horário, basta fazer o oposto, usando o lado esquerdo do corpo. Conforme avança, você pode desejar usar o passo coxo. Nesse caso, enquanto anda, permita que o pé direito (se estiver no sentido horário) ou o esquerdo (sentido anti-horário) arraste no chão atrás de você.

Continue marchando, permitindo que o movimento firme e monótono puxe você a um estado profundo de consciência. Sinta a mente ficando quieta e a visão começando a suavizar. Conforme avança, esteja atenta para a respiração, mantendo-a suave e rítmica. Após um tempo, você talvez perceba estar começando a ganhar velocidade na sua circulação. Se isso lhe parecer confortável, continue a ganhar impulso. Do contrário, apenas reduza a velocidade dos movimentos. Por fim, você chegará a um estágio em que o transe se apoderou e o seu espírito se sente levantado. Quando isso ocorrer, pare de súbito em sua trilha e deite-se no chão sobre o cobertor ou no local pretendido para o descanso. Permita que a força do transe eleve o espírito desde o seu corpo físico e através da cerca até o Outro Mundo. Você pode vivenciar isso como uma propulsão ou como outra sensação de voo em ritmo acelerado. Em algum momento, sentirá os pés aterrissando com firmeza no território almejado.

Até o Sabá das Bruxas

Como na versão anterior deste ritual, você se encontrará em pé diante do eixo do mundo. Olhe para baixo para encontrar sua vassoura na mão. Monte na vassoura e diga as palavras: "Melhor, melhor, alardeio um alarde, ao redor e em toda a parte". Com isso, você logo será carregada até a localização do Sabá. De novo, a jornada irá variar em extensão, algumas vezes parecendo longa, e outras bastante breve. A localização do Sabá também pode diferir e adotar a aparência de um lugar do mundo terreno ou de um que só existe no Outro Mundo. Seja lá onde você acabar chegando, permita que seu espírito aterrisse com suavidade no chão.

O Sabá

Como antes, o modo como o Sabá aparecerá para você, e o que ocorrerá nele, vai variar. Entregue-se à experiência, e lembre-se que pode retornar quando desejar

Voltando para Casa

Em qualquer momento em que desejar retornar do Sabá, olhe para baixo e encontre sua vassoura na mão. Monte na vassoura e diga as palavras: "Rentum Tormentum". Com isso, será carregada pelo vento. Você viajará através do céu, regressando pelo mesmo caminho que veio, todo o percurso até o eixo do mundo. Uma vez que estiver de volta a ele, utilize o mesmo método para retornar ao mundo físico, tal como no exercício anterior — contando em ordem crescente de 1 até o 13. Quando atingir o número 6, vire-se para ver a mesma cerca que você inicialmente atravessou quando entrou no Outro Mundo. De novo, tome distância, corra e salte por cima da sebe. Sinta os pés aterrissarem com firmeza no solo do mundo terreno. Quando tiver se localizado, conte em ordem crescente outra vez, agora de 1 a 12. Conforme progredir na contagem, sinta-se retornando até a consciência completa. Agite os dedos das mãos e dos pés, e depois os braços e as pernas. Quando se sentir pronta, abra os olhos devagar e sinta-se retornando a um estado de consciência plena.

Modelos de Sabá

Embora seja verdade que o comum é o Sabá proceder por conta própria, nós temos alguma margem de poder para influenciar o que ocorre lá. Em específico, podemos movimentar a intenção ou o tema do Sabá antes mesmo de chegarmos. Para isso, tudo que você vai precisar fazer é passar algum tempo refletindo sobre a razão pela qual comparecerá ao Sabá, o que estiver buscando realizar ou do que prefere participar quando estiver lá, e que aparência a configuração geral terá — incluindo localização, decoração, figurino e utensílios rituais ou de feitiçaria. Ao fazê-lo, você aplicará a sua vontade com eficácia no Outro Mundo antes mesmo de chegar lá, formatando o Sabá para atender às suas necessidades. Se precisar de ajuda com ideias de temas para o Sabá, considere a lista a seguir. Por favor, perceba que esta lista é composta das minhas próprias associações, retiradas do folclore. Você deve usar imagens que conversem com a sua imaginação.

Honraria

Em uma caverna à luz do fogo, os espíritos que estão sendo honrados se sentam sobre tronos ornamentados especiais, esculpidos de madeira preta. O território do Sabá está infundido com uma sensação de profunda reverência. Cada participante carrega uma oferenda, a qual eles se revezam para deixar aos pés dos espíritos. Conforme você se aproximar deles, terá a chance de declamar palavras de honra e gratidão.

Iniciação

Uma lua cheia radiante brilha em meio ao sombrio céu noturno, iluminando a floresta ao seu redor. As participantes vestem mantos pretos com máscaras disfarçando os rostos. Diante de você há um altar de pedra, iluminado por várias velas. Sobre ele está um livro preto esfarrapado e de aparência antiga. O vento agita e uiva por entre as árvores conforme você se prepara para acrescentar o seu nome àqueles já rabiscados ao longo das páginas amareladas.

Lunar

Em pé no meio de uma extensa campina, você está cercada por outras bruxas. O ar crepita de energia mágica. Dependendo da fase, pode haver uma lua cheia brilhante no céu ou nada além de uma escuridão preta como nanquim. O altar descansando no centro do círculo pode estar adornado com velas prateadas ou talvez contenha um espelho preto enorme. As presentes podem estar banhadas pela luz da lua ou podem ser sombras esvoaçantes se movendo através do vagamente iluminado território do Sabá. Juntas, vocês podem puxar as bênçãos da lua cheia ou trabalharem formas mais sombrias e introspectivas de magia na lua nova.

Sazonal

Dependendo da estação, você poderá descobrir que o Sabá aparece de diversas maneiras distintas — como um cemitério no final do outono ou talvez como um antigo círculo de pedras no auge da primavera. O ritual pode ser iluminado por luzes cintilantes penduradas em pinheiros cobertos de neve ou por uma enorme fogueira de verão. As atividades também irão variar conforme a estação, tal como invocar os mortos nos últimos dias de outono ou dançar com o Belo Povo para celebrar a chegada da primavera. Cavalgar sobre o ar gélido da noite ao lado da Caçada Selvagem no inverno ou trabalhar em feitiços de bênção e purificação no auge do verão.

Execução de feitiços

Em uma noite particularmente auspiciosa, você se encontra no topo de uma montanha desolada, muito acima do vale lá embaixo. Você encontra o altar adornado em conformidade com o trabalho a ser executado. Espalhadas sobre a superfície dele estão todas as ferramentas que você precisará para lançar seu feitiço. Você está acompanhada por um coven de outras bruxas, vestidas em mantos cujas cores correspondem às das suas intenções mágicas. Das regiões mais sombrias do território do Sabá, os espíritos se aproximam, prontos e dispostos a emprestarem seus poderes à execução de feitiços.

EXERCÍCIO
Ritual de Sabá Físico para Uso do Coven

O ritual a seguir é destinado para o uso de um coven buscando encenar o Sabá das Bruxas no mundo físico. Ele é adequado para covens de qualquer tamanho, embora possa ser mais desafiador orquestrá-lo com mais do que treze integrantes. Além disso, o ritual pode ser executado a portas fechadas, mas o ideal é que ocorra ao ar livre, em algum ambiente secreto e natural, tal como uma floresta ou o topo de uma colina — ou no seu próprio quintal, se você for sortuda o bastante para possuir um. Seja qual for a localidade escolhida, deverá ter espaço suficiente para acomodar o coven.

Ademais, o ritual deve ser conduzido por duas integrantes que adotarão os papéis de Diabo e Rainha do Sabá. Se necessário ou desejado, uma delas pode atuar como única líder, e, nesse caso, a estrutura do ritual precisará ser modificada. A Rainha do Sabá deve usar um vestido branco, cinza ou verde, juntamente a uma coroa ou algum tipo de ornamento na cabeça. O Diabo deve estar vestido por inteiro em preto, com uma máscara ou cobertura facial, assim como um chapéu com abas ou capuz.

Por fim, este ritual inclui aspectos tanto de negócios quanto de prazer, mas pode ser ajustado para incluir um ou o outro, conforme achar adequado. De fato, a intenção é ele ser um molde que pode ser ajustado para a encenação do seu próprio Sabá. Como tal, sinta-se livre para retrabalhar a estrutura, assim como usar as próprias palavras no lugar das oferecidas aqui. O mais comum é que este ritual se desdobre organicamente em uma experiência única cada vez que for executado.

Itens Necessários
Caldeirão (grande o suficiente para conter um fogo pequeno; se for trabalhar a portas fechadas, use uma vela grande)
4 lanternas
Pão
Garrafa de vinho ou suco
Instrumentos musicais (tais como tambor, flauta ou pandeiro)

Incenso
Vela
Pedra
Tigela com água
Cálice ou chávena (cada integrante do coven deve trazer a sua)

Preparação do Espaço

Antes de iniciar o ritual, as integrantes do coven que desempenharão os papéis de líderes do Sabá devem ir até o local designado e preparar o espaço. O resto do coven precisará estar em algum outro lugar, longe o bastante para não ver a preparação; porém, perto o bastante para ouvir o sinal informando-as que é hora de se aproximarem. Coloque o caldeirão no centro do espaço, com o fogo ou vela queimando embaixo. Além disso, posicione uma lanterna em cada uma das quatro direções — assegurando-se que haja espaço o bastante para o coven se movimentar dentro do perímetro delas. O pão, o vinho e os instrumentos musicais podem ser depositados próximos à lanterna ao norte. Seguindo as mesmas instruções dadas no capítulo 4, as líderes devem agora posicionar uma bússola circular, encerrando o ritual com as seguintes palavras:

Com esta bússola circular a deitar,
Conjuramos o território do Sabá.

Quando a área do ritual tiver sido preparada, as líderes podem sinalizar para que o resto do coven se aproxime, tocando um instrumento musical. Ao chegarem, as integrantes do coven precisam cada uma fazer uma breve reverência antes de entrarem na bússola circular. Uma vez dentro, elas devem se reunir ao redor do caldeirão fervente, formando um círculo. As líderes devem estar em pé ao norte. Quando todo mundo tiver entrado no espaço ritual, o Diabo anuncia:

Feliz encontro, bruxas. Esta noite nos reunimos em honra de nossas ancestrais folclóricas, para encenar o rito do Sabá. Nos juntamos neste lugar para praticar nossa arte feiticeira e nos entregarmos aos êxtases do mundo sobrenatural além.

É neste ponto que qualquer elaboração de feitiços ou comunhão com espíritos devem ocorrer. Como as integrantes do coven são dirigidas a partir de então dependerá dos trabalhos específicos a serem feitos. Quando o trabalho estiver concluído, o coven deve ser conduzido a se reunir outra vez ao redor do caldeirão fervente, com as líderes posicionadas ao norte. Assim que todo mundo estiver em seu lugar, o Diabo anuncia:

Por nossas palavras e nossas ações, o trabalho da Bruxaria agora completa está. E, assim, chegou a hora de partilharmos o pão e o vinho do rito do Sabá.

O Diabo agora segura o pão no alto e proclama,

Por meu nome, seja este pão abençoado.

A Rainha do Sabá segue o exemplo, segurando a garrafa de vinho no alto e proclamando:

Por meu nome, seja este vinho abençoado.

O Diabo então distribui um pequeno pedaço de pão para cada integrante do coven. Enquanto isso, a Rainha do Sabá serve um pouco do vinho nos cálices de cada uma.

Quando todas as bruxas estiverem servidas de pão e de vinho, a Rainha do Sabá afirma:

Ao Homem de Preto e à Dama do Sabá.
Em nossos nomes, ireis comer e tomar.
Desfrutem destas ofertas de vinho e pão,
Sem nenhum medo ou lamentação.

O coven pode agora comer o pão e beber o vinho. Enquanto esperam que todas terminem, as integrantes que trouxerem instrumentos devem começar a tocar. Uma vez que a maioria tenha terminado, o Diabo fala:

Prossigam, divirtam-se, em nossos nomes, desde já,
Pois agora começam os jogos do Sabá!

O restante do Sabá pode ser dedicado a dançar, cantar e se divertir. Se os números permitirem, recomendo executarem uma dança circular tradicional — com cada integrante do coven voltada para o lado de fora, braços interligados e o círculo girando para a esquerda.

Quando, por fim, chegar a hora de encerrar o ritual, a música para e o Diabo diz:

É chegada a hora de o Sabá se encerrar,
Encaminhamos vocês de volta a suas casas
Agora regressem e deixem este lugar
Evoé! Feliz encontro, feliz despedidas![01]

Cada integrante do coven pode agora sair da bússola circular, prestando uma breve reverência conforme o fazem. Dali, elas devem retornar pelo caminho no qual vieram. Enquanto isso, as líderes irão se despedir dos espíritos direcionais invocados durante a criação da bússola circular. Então irão limpar o espaço ritual e apagar o fogo em segurança.

---

01 Esse último verso vem diretamente da confissão de Elizabeth Style.
Ver GLANVILL. *Saducismus Triumphatus*, p. 141.

Conclusão

Tenho esperança de que, tanto você que planeja viajar até o Sabá em pessoa, ou você que é apenas uma pesquisadora curiosa, tenha considerado este livro útil para os seus empreendimentos. A bruxaria tem raízes profundas no mito, e sua prática moderna nasceu do legado de um folclore em constante evolução e transformação. Estejamos cientes disso ou não, os alicerces do nosso ofício moderno são moldados por diversos contos de magia e bruxaria que vêm sendo contados ao redor do mundo ao longo dos séculos. E se há um único trecho de conhecimento popular que tem sido o mais importante na expansão da mitologia bruxa, e, portanto, nas nossas próprias práticas atuais, é o do Sabá das Bruxas. É das histórias oferecidas sobre esses encontros noturnos que aprendemos a respeito de uma variedade de tópicos como o voo do espírito, unguento de voo, localidades e dias auspiciosos, utensílios de voo, covens e sua estrutura, ritos de iniciação, trabalho espiritual, rituais e feitiços mágicos, e muito mais. Portanto, o Sabá pode ser visto como mais do que apenas uma reunião de bruxas e espíritos, mas também como um caldeirão metafórico de práticas e crenças convalescentes.

Tanto Austin Osman Spare como Kenneth Grant adotaram o poder do ressurgimento atávico, e eu também acredito que há magia a ser encontrada em seguir um rastro de volta no tempo, em busca de conexão com algo vasto e primordial. O objetivo deste livro foi fazer justamente isso, perambular ao longo do caminho folclórico conduzindo até as profundidades escondidas da história da qual o Sabá das Bruxas emergiu. Spare e Grant acreditavam que, ao buscar a fonte ao final dessas rodovias atávicas, é possível unir-se a uma corrente de poder igualmente incalculável às bruxas, magos e místicos. Embora a existência de diferentes fontes atávicas seja provável, acredito que, para praticantes da bruxaria, em particular aquela de uma persuasão tradicional, o Sabá no Outro Mundo seja de especial importância. Pois é onde encontramos os muitos pedaços da nossa herança folclórica enquanto praticantes do ofício se unindo através do espaço e do tempo — formando um elo de energia primitiva, da qual se pode tirar proveito enquanto forma de empoderamento mágico e espiritual. E, como parte do legado de nosso ofício, possuímos o mesmo poder que nossas antecessoras folclóricas de enviar nossos espíritos pela noite, voando até algum local místico no qual o Sabá se desdobra diante de nossos olhos. Portanto, voem em frente, bruxas!

APÊNDICE

Acusadas de Bruxaria

A lista a seguir contém os nomes das acusadas de bruxaria mencionadas ao longo deste livro. Tais nomes estão organizados por país e incluem a data (caso conhecida) em que elas foram submetidas a julgamento.

Países

Primeiras Colônias Norte-americanas
Abigail Hobbs, 1692
Ann Foster, 1692
George Burroughs, 1692
Martha Carrier, 1692
Mary Osgood, 1692
Mary Toothaker, 1692
Mary Warren, 1692
Rebecca Greensmith, 1663
William Barker, 1692

Inglaterra
Alice Duke
Anne Armstrong, 1673
Anne Dryden, 1673
Anne Forster, 1673
Elizabeth Style, 1664
Luce Thompson, 1673
Margaret Johnson, 1633
Mary Green, 1665

França
Antoine Tornier
Barbelina Rayel, 1587
Catharine de Nagiulle
Clauda Jamguillaume
Clauda Vuillat
Claudette Delat, 1608
Claudon Bregeat, 1612
Didier Pierrat, 1597
Dominique Isabelle, 1583
Guillaume Edelin, 1453
Isaac de Queyran, 1609
Jacquema Paget
Jeanette d'Abadie, 1609
Jeanne Boisdeau, 1594
La Grande Lucye, 1608
Margueritte le Charpentier, 1620
Marie Balcoin
Marie d'Aspilcoutte
Sybilla Morèle, 1586
Ysabeau Richard, 1615

Alemanha
Barbara Schluchter, 1617
Johannes Junius, 1628
Maria Gleichmann, 1617
Mulher anônima de Eichstätt, 1637
Mulher anônima de Bern, 1630
Niclas Fiedler, 1591
Waldburga Schmid, 1626
Walpurga Hausmännin, 1587

Guernsey
Collette Du Mont, 1617
Isabel Becquet, 1617
Marie Becquet, 1617

Itália
Margherita di San Rocco, 1571
Matteuccia Francisci, 1428
Mulher anônima, 1588
Pierina de Bripio, 1390
Sibillia de Fraguliati, 1384
Vicencia la Rosa, 1630

Escócia
Agnes Cairnes, 1659
Agnes Sampson, 1590
Alexander Elder, 1662
Alison Pearson, 1588
Andrew Watson, 1661
Andro Man, 1598
Bessie Dunlop, 1576
Bessie Weir, 1677
Elspet Alexander, 1661
Helen Guthrie, 1663
Hellen Alexander, 1661
Isobel Cockie, 1597
Isobel Gowdie, 1662
Isobell Shyrie, 1661
Issobell Dorward
Issobell Smith, 1661

James Lindsay, 1697
Janet Breadheid, 1662
Jean Mairten, 1662
John Taylor, 1662
Johne Young, 1662
Jonet Howat, 1661
Kattrein Scott, 1662
Mairie Rynd, 1661
Margaret Brodie, 1662
Margaret Talzeor, 1658
Marie Lamont, 1662
Marion Grant, 1597

Suécia
Homens, mulheres e crianças
anônimas de Mora, 1669

Suíça
Anthonia Preudhon, 1583
Gonin Depertyt, 1606
Jeanette Clerc, 1539
Madeleine Merlou, 1583
Pernon Debrot, 1583

Polônia
Anna Chałupniczka
Anna Jasińska
Grzegorz
Jadwiga, 1681
Jan, 1727
Małgorzata Kupidarzyna
Marusza Staszkowa, 1656
Niewitecka
Oderyna, 1737
Wawrzyniec Dziad, 1719

Glossário

Akelarre: Nome dado ao Sabá das Bruxas no folclore basco — pode ser traduzido como prado (*larre*) do bode (*aker*).

Apostasia: Ato de alguém rejeitar a própria crença religiosa anterior. Pode incluir atos verbais ou físicos de renúncia.

Árvore do Mundo: Outro nome para o eixo do mundo.

Belo Povo: Título eufemístico dado às fadas, um tipo específico de espírito habitante do Mundo do Meio, difícil de definir ou categorizar de forma sucinta.

Benevento: Cidade italiana tida como sendo um ponto de encontro para o Sabá das Bruxas.

Blåkulla: Lugar mítico do folclore sueco tido como sendo local de encontro para o Sabá das Bruxas.

Blasfêmia: Crença ou ação considerada profana e desrespeitosa em relação ao deus cristão ou à Igreja em si.

Blocksberg: Outro nome para o Brocken.

Brocken: O mais alto pico das montanhas Harz ao Norte da Alemanha, tido há muito como sendo um local de encontro para o Sabá das Bruxas.

Bruxaria Diabólica: Tanto um conceito como um crime, consiste em uma mistura de feitiçaria e heresia.

Bruxaria Operacional: Termo usado por Margaret Murray para descrever atos práticos de bruxaria, como conjuração de feitiços e divinação, geralmente executados por uma pessoa sozinha.

Bruxaria Ritual: Termo usado por Margaret Murray para descrever atos religiosos de bruxaria, tais como conduzir rituais específicos para honrar divindades.

Bruxaria Tradicional: Termo guarda-chuva que cobre uma variedade de práticas não wiccanas inspiradas pelo folclore. Essas práticas podem ser vistas como religiosas ou espirituais, dependendo do grupo ou indivíduo praticante. Bruxas tradicionais têm foco no uso da magia e na conexão com o mundo natural, trabalhando com vários espíritos, tanto no reino físico como no Outro Mundo.

Buneco: Boneca mágica usada para representar o alvo de um feitiço ou ritual.

Bússola Circular: Espaço de trabalho liminar criado de forma ritualística no qual bruxas tradicionais trabalham a magia e navegam pelo Outro Mundo.

Caçada Selvagem: Séquito de fantasmas, fadas e outros seres tidos como tendo o costume de voar em noites tempestuosas, coletando as almas dos mortos e avisando sobre desastres iminentes.

Consagrar: Ato de limpar ou abençoar usando magia ou de imbuir um objeto com poder mágico.

Criaturas da Terra: Espíritos da natureza que habitam plantas, pedras e outros objetos naturais.

Cruzar a Cerca: Processo de se aventurar para além do próprio corpo e viajar em forma de espírito até o Outro Mundo.

Doñas de Fuera: Significa "senhoras de fora". Grupo de mulheres sobrenaturais do folclore siciliano, comparáveis às fadas,

que visitavam lares durante a noite para se banquetearem e concederem bênçãos aos moradores.

Eixo do Mundo: O eixo cósmico, ou árvore do mundo, sobre o qual os três reinos estão centrados.

Elfame: Termo escocês para o Reino das Fadas.

Enteógeno: Substância alteradora da consciência usada em um contexto ritual.

Esbá: Termo introduzido por Margaret Murray para descrever uma reunião de bruxas com o propósito de fazer magia e se empenhar em atos celebratórios, em oposição ao Sabá, que era reservado para rituais do culto das bruxas.

Espírito Familiar: Termo guarda-chuva que se refere a um espírito que vem auxiliar uma bruxa, com frequência aparecendo na forma de um animal.

Estado de Transe: Estado alterado de consciência em algum ponto entre a vigília e o sono.

Estrige: Criatura mitológica similar a um pássaro — às vezes, tida como sendo uma mulher metamorfa ou bruxa — a qual se acreditava assassinar e devorar bebês.

Exército Furioso/Das Wütende Heer: Ver *Caçada Selvagem*.

Feitiçaria: A prática da magia, tradicionalmente tida como envolvendo trabalhar com demônios.

Feitiçaria Transcendental: Termo cunhado por Andrew Chumbley para descrever a combinação de formas operacionais de magia com trabalhos rituais direcionados a alcançar a gnose espiritual.

Genius Loci: O espírito de um lugar que guarda áreas específicas de terra.

Heresia: Quaisquer crenças religiosas ou ações que se coloquem em direta oposição aos ensinamentos da Igreja Católica.

Herla/Helewin/Hellequin: Procissão dos mortos penitentes, atormentados por seus pecados, comum no folclore do século XII por toda a Inglaterra, França e Renânia.

Hipótese do Culto das Bruxas: Crença em que as perseguidas durante os julgamentos europeus de bruxas teriam sido, na verdade, integrantes de uma religião pagã outrora muito difundida.

Homem de Preto: Outro nome para o Pai Bruxo, associado de forma particular com sua presença no Sabá.

Iluminismo: Período da história europeia entre os séculos XVII e XVIII caracterizado por um foco na racionalização intelectual e na rejeição de crenças supersticiosas anteriores.

Ivan Kupala: Feriado tradicional eslavo celebrado no solstício de verão, focado na purificação e na fertilidade.

Kia: Termo cunhado por Austin Osman Spare para descrever uma consciência universal ou mente coletiva.

Lei da Bruxaria de 1735: Lei decretada pelo parlamento do Reino da Grã-Bretanha sob a qual a prática da bruxaria, embora ainda fosse ilegal, não era mais considerada punível com a morte.

Łysa Góra: Significa "Montanha Calva". Uma colina nas montanhas Świętokrzyskie da Polônia tida como sendo um local de reunião para o Sabá das Bruxas.

Mãe Bruxa: A divindade feminina arquetípica da bruxaria tradicional.

Malefício: Qualquer ato de magia usado para causar dano ou destruição.

Marca do Diabo: Marca no corpo de uma bruxa, feita pelo Diabo para selar e significar o pacto feito na ocasião da iniciação.

Missa Negra: Ritual zombando da missa católica, caracterizado por símbolos e atos invertidos, tais como a profanação da Eucaristia.

Montanha Calva: Nome genérico dado a diversas montanhas tidas como sendo lugar de Sabás de Bruxas.

ria estabelecida pelo falecido Andrew Chumbley, baseada nas imagens e na gnose resultante do Sabá das Bruxas.

Outro Mundo: O mundo dos espíritos, dividido em três reinos: o Mundo Superior, o Mundo do Meio e o Submundo.

Pai Bruxo: A divindade masculina arquetípica da bruxaria tradicional.

Poderosas Mortas: Grupo de ancestrais composto por bruxas e outras praticantes de magia que faleceram.

interesse público na prática da bruxaria que ocorre desde meados do século XX até os dias atuais.

Ressurgência Atávica: Termo usado por Kenneth Grant para descrever um anseio ou desejo primordial pela fonte divina que se encontra no começo de todas as coisas.

Roda do Ano: Sistema moderno de celebrações rituais sazonais consistindo em oito sabás — Samhain, o solstício de inverno (Yule), Imbolc, o equinócio da primavera (Ostara), Beltane, o solstício de verão (Litha), Lammas e o equinócio de outono (Mabon).

Sabá: Encontro noturno de Bruxas e espíritos que ocorre no Outro Mundo.

Sabá das Fadas: Tipo de Sabá que aparece no folclore de várias culturas, principalmente irlandesa, escocesa e italiana, no qual reuniões são presididas por fadas em vez de pelo Diabo.

Sabat: Ritual moderno de celebração demarcando a mudança das estações.

Sinagoga: Local sagrado de reunião para o povo judeu se dedicar à observação religiosa. O termo tem sido aplicado erroneamente ao longo da história para descrever reuniões de bruxas, demonstrando antigas atitudes antissemitas.

Stang: Bastão ritual bifurcado usado como altar ao Pai Bruxo e para direcionar poder mágico.

Submundo: O reino inferior do Outro Mundo, no qual as ancestrais residem. Associado aos poderes das emoções.

Trilhar o Moinho: Ritual envolvendo circular de forma repetitiva em torno de um objeto central fixo, com a cabeça virada para o lado e levemente inclinada para trás. É usado para alterar a consciência e aumentar o poder mágico pessoal.

Unguento de Voo: Bálsamo criado com ervas enteógenas e que, ao ser aplicado no corpo, ajuda a cruzar a cerca.

Valdenses: Membros de um movimento religioso cristão considerado herético pela Igreja Católica em 1184 e mais tarde associado à bruxaria.

Virtudes: Poderes mágicos contidos dentro de objetos naturais tais como plantas, pedras, animais, planetas e assim por diante.

Zos: Termo cunhado por Austin Osman Spare para descrever o corpo físico e a mente terrena.

Walpurgisnacht: A noite do dia 30 de abril, véspera do dia do banquete cristão de Santa Valburga, noite na qual se acreditava que as bruxas do folclore alemão se reuniam para o Sabá.

Wicca: Subconjunto específico da bruxaria, fundado por Gerald Gardner durante o final da década de 1940 e o início da década de 1950.

Leitura Recomendada

Ecstasies: Deciphering the Witches' Sabbath **[Êxtases: Decifrando o Sabá das Bruxas], de Carlo Ginzburg**
Um verdadeiro clássico, o livro de Ginzburg foi — e continua sendo — um estudo crucial sobre o desenvolvimento do início do Sabá das Bruxas. Embora o texto em si seja bastante acadêmico e demasiado denso, vale muito a pena a leitura!

The Triumph of the Moon [O Triunfo da Lua], de Ronald Hutton
O livro de Hutton tem sido um verdadeiro divisor de águas para muitas praticantes, pois provê uma história bem equilibrada e academicamente inclinada da bruxaria moderna e do paganismo. Se você quiser saber mais sobre o reavivamento da bruxaria moderna, este livro é leitura indispensável.

The Witches' Ointment [O Unguento das Bruxas], de Thomas Hatsis
Recheado de histórias fascinantes, este livro mapeia o desenvolvimento do unguento de voo das bruxas. Recomendo fortemente este livro para qualquer uma que desejar saber mais sobre o *unguentum sabbati*.

Witch's Wheel of the Year [A Roda do Ano das Bruxas], de Jason Mankey
O livro de Mankey oferece às leitoras não apenas um panorama da história e do folclore de cada um dos Sabás das Bruxas, como também uma variedade de rituais muito bem escritos. Até hoje, é de longe um dos meus textos preferidos sobre a Roda do Ano.

Encyclopedia of Spirits: The Ultimate Guide to the Magic of Saints, Angels, Fairies, Demons, and Ghosts [Enciclopédia dos Espíritos: O Guia Definitivo para a Magia de Santos, Anjos, Fadas, Demônios e Fantasmas], de Judika Illes
Com mais de mil páginas, a enciclopédia de Illes é uma fonte impressionante e essencial sobre diferentes tipos de espíritos. Se você estiver precisando de auxílio no que diz respeito a aprender mais sobre os seres do Outro Mundo, com certeza o encontrará neste livro.

To Fly by Night: Craft of the Hedgewitch [Voar à Noite: O Ofício da Bruxa da Cerca], editado por Veronica Cummer
Uma antologia fantástica relacionada à arte do voo do espírito. Se você quiser saber mais sobre os vários aspectos do cruzamento da cerca, este é um livro excelente, pois contém dúzias de ensaios escritos por um conjunto diverso de praticantes.

The Crooked Path: An Introduction to Traditional Witchcraft [O Caminho Torto: Uma Introdução à Bruxaria Tradicional], de Kelden
Meu livro anterior é um bom lugar para iniciantes na bruxaria tradicional. Dentre muitos outros tópicos, você encontrará informações adicionais relacionadas ao Outro Mundo, assim como formas de trabalhar com vários espíritos, tais como divindades, ancestrais, familiares e fadas.

The Witch-Cult in Western Europe [O Culto das Bruxas na Europa Ocidental], de Margaret Murray
Embora o trabalho de Murray tenha sido amplamente desacreditado, seu livro foi — e continua sendo — de alta influência no que diz respeito à bruxaria moderna. Mesmo que por outros motivos não seja considerado, o texto de Murray representa uma valiosa coleção de citações retiradas das transcrições dos julgamentos de bruxas.

Invoking the Akelarre [Invocando o Akelarre], de Emma Wilby
Discutindo os julgamentos de bruxas que ocorreram na região basca, este livro explora os modos pelos quais o material confessional foi com frequência influenciado tanto pelos perseguidores como pelas acusadas. Wilby faz um trabalho fenomenal ao realçar as vozes das bruxas acusadas e lança luz nas fontes folclóricas das narrativas delas sobre o Sabá.

Witchcraft in Europe: 400–1700 [Bruxaria na Europa: de 400 a 1700], editado por Alan Charles Kors e Edward Peters
Contendo dúzias de documentos históricos, este livro fornece um olhar aprofundado nos pensamentos e nas crenças de perseguidores, escritores e outras autoridades antes, durante e depois dos julgamentos das bruxas europeias. Este texto foi inestimável para a escrita do *Sabá das Bruxas*.

Bibliografia

"Agnes (Bigis) Cairnes (5/4/1659)". *The Survey of Scottish Witchcraft Database*. Disponível em: <http://witches.shca.ed.ac.uk/index.cfm?fuseaction=home.caserecord&caseref=C%2FEGD%2F792&search_type=searchaccused&search_string=lastname%3Dcairnes>. Acesso em: 5 de fev. de 2021.

ANKARLOO, Bengt; HENNINGSEN, Gustav (eds.). *Early Modern European Witchcraft*. Oxford: Claredon Press, 1990.

AUTORIDADE. *The Lawes against VVitches, and Conivration*. Londres: R. W., 1645. Ann Arbor, MI: Text Creation Partnership, 2011. Disponível em: <https://quod.lib.umich.edu/e/eebo/A88821.0001.001/1:2.2?rgn=div2;view=fulltext>.

BAKER, Phil. *Austin Osman Spare*. Reimpressão. Berkeley, CA: North Atlantic Books, 2014.

BARBER, Malcolm. "Lepers, Jews and Moslems: The Plot to Overthrow Christendom in 1321". *History* 66, n. 216, 1981, p. 1-17. Disponível em: <https://doi.org/10.1111/j.1468-229X.1981.tb01356.x>.

BODIN, Jean. *On the Demon-Mania of Witches*. Tradução de Randy A. Scott. Toronto: Centre for Reformation and Renaissance Studies, 1995.

BOGUET, Henry. *An Examen of Witches*. Mineola, NY: Dover Publications, 2009.

BRIGGS, Robin. *Witches & Neighbors: The Social and Cultural Context of European Witchcraft*. Nova York: Penguin, 1996.

——. *The Witches of Lorraine*. Oxford: Oxford University Press, 2007.

BROEDEL, Hans Peter. "Fifteenth-Century Witch Beliefs." In: LEVACK, Brian (ed.). *The Oxford Handbook of Witchcraft in Early Modern Europe and Colonial America*. Oxford: Oxford University Press, 2013, p. 32-49.

BUCKLAND, Raymond. *Witchcraft from the Inside*. St. Paul, MN: Llewellyn Publications, 1995.

BURCARDO DE WORMS. *Decretorum Liber Decimus. In: Patrologiae cursus completus … Vol. 140*. Paris: Jacques-Paul Migne, 1880.

BURNS, Robert. "Tam o' Shanter." *Poetry Foundation*. Disponível em: <https://www.poetryfoundation.org/poems/43815/tam-o-shanter>. Acesso em: 5 de fev. de 2021.

BURR, George L. "Review of Margaret Murray's The Witch-Cult in Western Europe". *The American Historical Review* vol. 27, n. 4, 1922, p. 780-83. Disponível em: <https://doi.org/10.1086/ahr/27.4.780>.

BURR, George Lincoln (ed.). *Narratives of the New England Witchcraft Cases*. Mineola, NY: Dover Publications, 2012.

CARMICHAEL, James. "Newes from Scotland, declaring the damnable life and death of Doctor Fian a notable sorcerer […]". Londres: [E. Allde?], c. 1542. Ann Arbor, MI: Text Creation Partnership, 2011. Disponível em: <https://quod.lib.umich.edu/e/eebo/A00710.0001.001/1:4?rgn=div1;view=fulltext>.

COHN, Norman. *Europe's Inner Demons*. Chicago: University of Chicago Press, 2000.

CRAIGIE, William A. *Scandinavian Folk-Lore: Illustrations of the Traditional Beliefs of the Northern Peoples*. Londres: Alexander Gardner, 1896.

DE LANCRE, Pierre. *On the Inconstancy of Witches*. Tradução de Harriet Stone e Gerhild Scholz Williams. Tempe: Arizona Center for Medieval and Renaissance Studies, 2006.

ESSEX INSTITUTE. *Historical Collections of the Essex Institute. Vol. 3*. Salem, MA: G. M. Whipple and A. A. Smith, 1861.

Etymological Dictionary of Basque. Compilação de R. L. Trask. Brighton, Inglaterra: Universidade de Sussex, 2008.

FERGUSSON, R. Menzies. "The Witches of Alloa". *The Scottish Historical Review* 4, n. 13, 1906, p. 40-48. Disponível em: <https://www.jstor.org/stable/25517800>.

GAGE, Matilda Joslyn. *Woman, Church, and State*. Nova York: The Truth Seeker Company, 1893.

GARDNER, Gerald. *The Meaning of Witchcraft*. York Beach, ME: Weiser, 2004. Edição brasileira: *O Significado da Bruxaria: Uma Introdução ao Universo da Magia*. São Paulo: Madras, 2018.

———. *Witchcraft Today*. Nova York: Citadel Press, 2004. Edição brasileira: *Bruxaria Hoje*. São Paulo: Madras, 2019.

GARY, Gemma. *Traditional Witchcraft: A Cornish Book of Ways*. Londres: Troy Books Publishing, 2008.

GINZBURG, Carlo. *Ecstasies: Deciphering the Witches' Sabbath*. Tradução de Raymond Rosenthal. Nova York: Pantheon Books, 1991. Edição brasileira: *História Noturna: Decifrando o Sabá*. Trad. Nilson Moulin. São Paulo: Companhia das Letras, 2012

———. *The Night Battles: Witchcraft and Agrarian Cults in the Sixteenth and Seventeenth Centuries*. Tradução de John Tedeschi e Anne C. Tedeschi. Baltimore, MD: John Hopkins University Press, 2013. Edição brasileira: *Os Andarilhos do Bem*. Trad. Jônatas Batista Neto. São Paulo: Companhia das Letras, 2010.

GLANVILL, Joseph. *Saducismus Triumphatus: Or, Full and Plain Evidence Concerning Witches and Apparitions*. Londres: S. Lownds, 1681.

GOETHE, Johann Wolfgang von. *Faust*. Tradução de Alice Raphael. Norwalk, CT: The Heritage Press, 1959. Edição brasileira: *Fausto*. Trad. João Barrento. Belo Horizonte: Autêntica, 2023.

GRANT, Kenneth; GRANT, Steffi. *Hidden Lore: The Carfax Monographs*. Londres: Skoob Books Publishing, 1989.

GRIMASSI, Raven. *Old World Witchcraft*. San Francisco: Weiser Books, 2011.

GRIMM, Jacob. *Teutonic Mythology*. Vol. 3. Tradução de James Steven Stallybrass. Londres: George Bell & Sons, 1883.

HARLAND, John; WILKINSON, Thomas Turner. *Lancashire Folk-Lore*. Londres: Frederick Warne and Co., 1867.

HATSIS, Thomas. *The Witches' Ointment*. Rochester, VT: Park Street Press, 2015.

HENNINGSEN, Guztav (ed.). *The Salazar Documents*. Leiden: Brill, 2004.

HESELTON, Philip. *Doreen Valiente: Witch*. Woodbury, MN: Llewellyn Publications, 2016.

HOLE, Christina. *Witchcraft in England*. Londres: B. T. Batsford, 1947.

HOWARD, Michael. *Children of Cain: A Study of Modern Traditional Witches*. Richmond Vista, CA: Three Hands Press, 2011.

HUTTON, Ronald. *The Triumph of the Moon*. Oxford: Oxford University Press, 1999.

———. *The Witch*. New Haven, CT: Yale University Press, 2017. Edição brasileira: *Grimório das Bruxas*. Trad. Fernanda Lizardo. Rio de Janeiro: DarkSide® Books, 2021.

ILLES, Judika. *The Element Encyclopedia of Witchcraft*. Londres: HarperCollins Publishers, 2005.

JAMES VI. *Daemonologie*. Edição de G. B. Harrison. Londres: John Lane, 1922–1926. Reprodução eletrônica de John Bruno Hare. *Internet Sacred Text Archive*. Disponível em: <https://www. sacred-texts.com/pag/kjd/index.htm>. Acesso em: 5 de fev. de 2021.

JANSEN, Katherine L.; DRELL, Joanna & ANDREWS, Frances (eds.). *Medieval Italy: Texts in Translation*. Filadélfia: University of Pennsylvania Press, 2009.

KINLOCH, George Ritchie. *Reliquiae Antiquae Scoticae*. Edinburgh: Thomas G. Stevenson, 1848.

KLANICZAY, Gábor; PÓCS, Éva (eds.). *Witchcraft Mythologies and Persecutions. Demons, Spirits, Witches, vol. 3*. Nova York: Central European University Press, 2008.

KORS, Alan Charles; PETERS, Edward (eds.). *Witchcraft in Europe: 400–1700*. Filadélfia: University of Pennsylvania, 2001.

KRAMER, Heinrich; SPRENGER, Jacob. *The Malleus Maleficarum*. Tradução de Montague Summers. Mineola, NY: Dover Publications, 1971. Edição brasileira: *O Martelo das Feiticeiras: Malleus Maleficarum*. Trad. Paulo Fróes Rio de Janeiro: Rosa dos Tempos, 2020.

LEA, Henry Charles. *A History of the Inquisition of the Middle Ages. Vol. 2*. Nova York: Harper & Brothers, 1888.

LE BEAU, Bryan F. *The Story of the Salem Witch Trials*. Nova York: Routledge, 2016.

LECOUNTEUX, Claude. *Phantom Armies of the Night*. Tradução de Jon E. Graham. Rochester, VT: Inner Traditions, 2011.

LELAND, Charles Godfrey. *Aradia: Or the Gospel of the Witches*. Londres: Troy Books, 2018. Edição brasileira: *Aradia: O Evangelho das Bruxas*. Trad. Michael Nefer. Joiville: Clube de Autores, 2022.

LEVACK, Brian P. (ed.). *The Witchcraft Sourcebook*. Londres: Routledge, 2015.

LORRIS, Guillaume de; MEUN, Jean de. *The Romance of the Rose*. Tradução de Charles Dahlberg. Princeton, NJ: Princeton University Press, 1995.

MANKEY, Jason. *Witch's Wheel of Year*. Woodbury, MN: Llewellyn Publications, 2019.

MAXWELL-STUART, P. G. *Witch Beliefs and Witch Trials in the Middle Ages*. Londres: Continuum, 2011.

MICHELET, Jules. *La Sorcière*. Tradução de Lionel James Trotter. Londres: Simpkin, Marshall, and Co., 1863.

MONTER, E. William. *Witchcraft in France and Switzerland*. Ithaca, NY: Cornell University Press, 1976.

MOTZ, Lotte. "The Winter Goddess: Percht, Holda, and Related Figures". *Folklore* 95, n. 2, 1984, p. 151-66.

MURRAY, Margaret A. *The God of the Witches*. Oxford: Oxford University Press, 1970.

———. *The Witch-Cult in Western Europe*. Oxford: Clarendon Press, 1921. Reimpressão. Nova York: Barnes and Noble, 1996. Edição brasileira: *O Culto das Bruxas na Europa Ocidental*. Trad. Getúlio Elias Schanoski Júnior. São Paulo: Madras, 2003.

OVÍDIO. *The Fasti of Ovid*. Tradução de John Benson Rose. Londres: Dorrell and Sons, 1866. Edição brasileira: *Fastos*. Trad. Márcio Meirelles Gouvêa Júnior. Belo Horizonte: Autêntica, 2018.

PEARSON, Nigel. *Treading the Mill*. Londres: Troy Books Publishing, 2017.

PENCZAK, Christopher. *The Inner Temple of Witchcraft*. St. Paul, MN: Llewellyn Publications, 2002.

PEPPER, Elizabeth; WILCOCK, John. *Magical and Mystical Sites: Europe and the British Isles*. Grand Rapids, MI: Phanes Press, 2000.

PITCAIRN, Robert. *Ancient Criminal Trials in Scotland. Vol. 1*. Edinburgh: Ballantyne and Co., 1833.

PITCAIRN, Robert. *Ancient Criminal Trials in Scotland. Vol. 3*. Edinburgh: Ballantyne and Co., 1833.

PLÍNIO, O JOVEM. *The Letters of the Younger Pliny*. Tradução de John B. Firth. 2nd series. Londres: Walter Scott, 1900. https://babel.hathitrust.org/cgi/pt?id=umn.31951002237967y&view=1up&seq=296&skin=2021.

PORTA, Giambattista della. *Natural Magick*. Obernkirchen, Alemanha: Black Letter Press, 2020.

A Relation of the Diabolical Practices of Above Twenty Wizards and Witches of the Sheriffdom of Renfrew in the Kingdom of Scotland. Londres: Hugh Newman, 1697.

REMY, Nicolas. *Demonolatry*. Tradução de E. A. Ashwin. Mineola, NY: Dover Publications, 2008.

REI CLOVIS. "Pactus Legis Salicae". In: *The Laws of the Salian Franks*. Edição e tradução de Katherine Fischer Drew. Filadélfia: University of Pennsylvania Press, 1991.

RICHARDS, Jeffrey. *Sex, Dissidence and Damnation*. Nova York: Routledge, 1994.

ROBERTS, Alexander; DONALDSON, James (eds.). *Ante-Nicene Fathers. Vol. 4, Tertullian*. Peabody, MA: Hendrickson Publishers, 1995.

ROPER, Lyndal. *Witch Craze*. New Haven, CT: Yale University Press, 2004.

ROSS, Richard S., III. *Before Salem: Witch Hunting in the Connecticut River Valley, 1647–1663*. Jefferson, NC: McFarland & Company, 2017.

SCOTT, Walter. *Letters on Demonology and Witchcraft*. Londres: George Routledge and Sons, 1884.

SHARPE, Charles Kirkpatrick. *A Historical Account of the Belief in Witchcraft in Scotland*. Londres: Hamilton, Adams & Co., 1884.

SCHULKE, Daniel A. (ed.). *Opuscula Magica. Vol. 2, Essays on Witchcraft and Crooked Path Sorcery*. Richmond Vista, CA: Three Hands Press, 2011.

THE SPALDING CLUB. *Miscellany of the Spalding Club. Vol. 1*. Aberdeen, Escócia: Spalding Club, 1841.

SPARE, Austin Osman. "Zoëtic Grimoire of Zos". *In:* GRANT, Kenneth; GRANT, Steffi (eds.). *Zos Speaks!*. Londres: Fulger Limited, 1998.

"SWP No. 009: William Barker, Sr.". *Salem Witch Trials Documentary Archive and Transcription Project*. 25 ago. 1692. Disponível em: <http://salem.lib.virginia.edu/n9.html>. Acesso em: 5 de fev. de 2021.

"SWP No. 022: George Burroughs Executed, August 19, 1692". *Salem Witch Trials Documentary Archive and Transcription Project*. 30 ago. 1692. Disponível em: <http://salem.lib.virginia.edu/n22.html>. Acesso em: 5 de fev. de 2021.

"SWP No. 087: Mary Lacey, Jr.". *Salem Witch Trials Documentary Archive and Transcription Project*. 20 jul. 1692. Disponível em: <http://salem.lib.virginia.edu/n87.html>. Acesso em: 5 de fev. de 2021.

"SWP No. 096: Mary Osgood". *Salem Witch Trials Documentary Archive and Transcription Project*. 8 set. 1692. Disponível em: <http://salem.lib.virginia.edu/n96.html>. Acesso em: 5 de fev. de 2021.

"SWP No. 128: Mary Toothaker". *Salem Witch Trials Documentary Archive and Transcription Project*. 4 jun. 1692 e 30 jul. 1692. Disponível em: <http://salem.lib.virginia.edu/n128.html>. Acesso em: 5 de fev. de 2021.

"Tam o' Shanter". *Burns Country*. Disponível em: <http://www.robertburns.org/encyclopedia/TamOShanter.23.shtml>. Acesso em: 5 de fev. de 2021.

VITALIS, Ordericus. *The Ecclesiastical History of England and Normandy. Vol. 2*. Tradução de Thomas Forester. Londres: H. G. Bohn, 1854.

WILBY, Emma. *Invoking the Akelarre: Voices of the Accused in the Basque Witch-Craze, 1609–1614*. Chicago: Sussex Academic Press, 2019.

WYPORSKA, Wanda. *Witchcraft in Early Modern Poland 1500–1800*. Nova York: Palgrave Macmillian, 2013.

Agradecimentos

Antes de tudo quero agradecer, com imensa gratidão, à equipe da Llewellyn por acreditar em mim e na minha escrita. E dedicar um agradecimento especial às minhas fabulosas editoras. Heather, obrigado por assumir este projeto e por me ajudar a refinar as divagações da minha mente maluca. Lauryn, como sempre, você fez de tudo e mais um pouco para me ajudar com a gramática e com as citações — muito obrigado por entrar em tantas tocas de coelho ao pesquisar comigo.

E é claro, nada disso jamais teria sido possível sem o amor e o encorajamento da minha família — Pai, Mãe, Breanna e Colton. Agradecimento especial à minha avó Pearl por alimentar um legado familiar de amantes de livros. Salve a viajante! Obrigado a meus queridos amigos Veles, Thorn, Marina, Sara, Jane e Philip por sempre oferecerem um ouvido simpático e conversarem comigo durante as agruras da síndrome do impostor. Obrigado aos baristas mágicos da Coffee Talk — David, Luke e Steven — por me manterem pleno de cafeína durante o processo de escrita. Enorme agradecimento à força da natureza que é Jason Mankey, alguém que eu sempre enxerguei como um escritor incrível e uma inspiração pessoal — obrigado por fornecer o prefácio deste livro e por ser um camarada nerd historiador da bruxaria.

Por fim, como sempre, agradeço aos espíritos pretos do norte, aos espíritos vermelhos do leste, aos espíritos verdes do sul e aos espíritos azuis do oeste. Obrigado aos espíritos acima e aos espíritos abaixo, aos espíritos da terra e ao Belo Povo. Obrigado ao Pai Bruxo e à Mãe Bruxa, aos meus ancestrais e ao meu espírito familiar.

KELDEN pratica a bruxaria tradicional há mais de uma década. Ele é o autor de *The Crooked Path: An Introduction to Traditional Witchcraft*. Além de ter textos publicados nos livros *The Witch's Altar*, *The New Aradia: A Witch's Handbook to Magical Resistance* e na revista *This Witch*. Kelden é também cocriador do baralho de tarot *The Traditional Witch's Deck* e mantém um blog no canal Patheos Pagan chamado *By Athame and Stang*. Em seu tempo livre, Kelden gosta de ler, caminhar, criar plantas venenosas e tocar ukelele.

MAGICAE é uma marca dedicada aos saberes ancestrais, à magia e ao oculto. Livros que abrem um portal para os segredos da natureza, convidando bruxas, bruxos e aprendizes a embarcar em uma jornada mística de cura e conexão. Encante-se com os poderes das práticas mágicas e encontre a sua essência.

DARKSIDEBOOKS.COM